RÉPUBLIQUE FRANÇAISE

DOCUMENTS RELATIFS À LA GUERRE

1914-1915

RAPPORTS

ET

PROCÈS-VERBAUX D'ENQUÊTE

DE LA COMMISSION

INSTITUÉE

EN VUE DE CONSTATER LES ACTES COMMIS

PAR L'ENNEMI

EN VIOLATION DU DROIT DES GENS

(DÉCRET DU 23 SEPTEMBRE 1914)

II

PARIS

IMPRIMERIE NATIONALE

MDCCCCXV

DOCUMENTS RELATIFS À LA GUERRE

1914-1915

COMMISSION

INSTITUÉE

EN VUE DE CONSTATER LES ACTES COMMIS

PAR L'ENNEMI

EN VIOLATION DU DROIT DES GENS

RAPPORTS

ET

PROCÈS-VERBAUX D'ENQUÊTE

II

RÉPUBLIQUE FRANÇAISE

DOCUMENTS RELATIFS À LA GUERRE

1914-1915

RAPPORTS

ET

PROCÈS-VERBAUX D'ENQUÊTE

DE LA COMMISSION

INSTITUÉE

EN VUE DE CONSTATER LES ACTES COMMIS

PAR L'ENNEMI

EN VIOLATION DU DROIT DES GENS

(DÉCRET DU 23 SEPTEMBRE 1914)

II

PARIS

IMPRIMERIE NATIONALE

MDCCCCXV

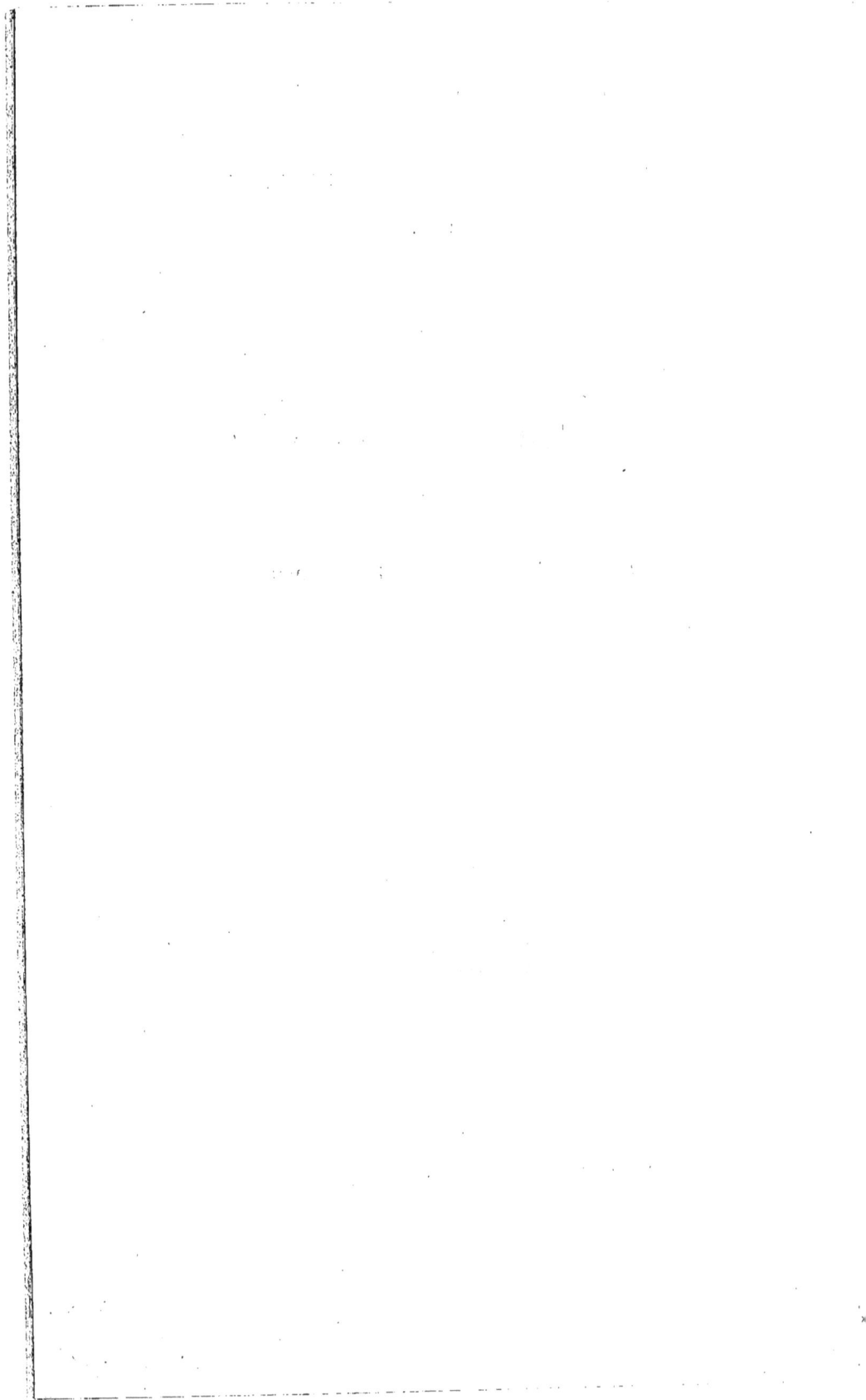

RAPPORT

PRÉSENTÉ PAR LA COMMISSION

À M. LE PRÉSIDENT DU CONSEIL

(8 MARS 1915)

RAPPORT

À M. LE PRÉSIDENT DU CONSEIL

PAR LA COMMISSION

INSTITUÉE

EN VUE DE CONSTATER LES ACTES COMMIS

PAR L'ENNEMI

EN VIOLATION DU DROIT DES GENS

(DÉCRET DU 23 SEPTEMBRE 1914.)

———————

MM. Georges PAYELLE, Premier Président de la Cour des Comptes; Armand MOLLARD, Ministre plénipotentiaire; Georges MARINGER, Conseiller d'État, et Edmond PAILLOT, Conseiller à la Cour de Cassation, à M. LE PRÉSIDENT DU CONSEIL DES MINISTRES.

MONSIEUR LE PRÉSIDENT DU CONSEIL,

Conformément aux instructions que vous avez bien voulu nous donner, nous nous sommes transportés dans les départements de l'Isère, de la Savoie et de la Haute-Savoie, à l'effet d'y recueillir, auprès des prisonniers civils récemment rapatriés, des renseignements sur les circonstances qui ont précédé et accompagné leur arrestation, ainsi que sur le traitement auquel ils ont été soumis pendant leur séjour en Allemagne.

Dix mille environ de nos compatriotes, après avoir été emmenés sur le territoire ennemi pour y subir une captivité plus ou moins longue, ont été renvoyés en France antérieurement au 28 février. Ce sont des femmes, des enfants, des jeunes gens de moins de dix-sept ans et des vieillards de plus de soixante. Parmi eux se trouvent aussi quelques hommes de dix-sept à soixante ans, que l'autorité allemande, après les avoir soumis à un examen médical, a reconnus impropres à tout service militaire. Arrivés chez nous par la Suisse et débarqués à Annemasse, ils ont été répartis dans la région du Sud-Est.

Nous en avons vu un grand nombre, et nous en avons interrogé près de trois cents, après leur avoir fait prêter serment de ne dire que la vérité. Leurs déclarations, dont la concordance nous a frappés, nous ont paru empreintes de la sincérité la plus complète et nous ont apporté une certitude d'autant plus grande que nous les avons reçues dans vingt-huit localités différentes, ce qui exclut toute idée d'une entente possible entre les témoins ou d'une suggestion mutuelle de leur part.

C'est dans ces conditions que nous avons pu nous rendre un compte suffisamment exact du régime qui a été imposé aux prisonniers civils français, notamment dans les

1...

camps de Holzminden, d'Altengrabow, d'Amberg, de Chemnitz, de Zossen, de Darmstadt, d'Edenberg près Landau, de Gardelegen, de Giessen, de Grafenwöhr, de Güstrow, d'Ingolstadt, de Limbourg, de Mersebourg, de Quedlinbourg, de Cassel, de Parchim, de Salzwedel, de Wahn, de Zerbst, de Zwickau, de Langensalza, d'Erfurt et d'Ulm, dans les locaux d'internement de Bayreuth et dans la forteresse de Rastadt.

Le seul fait d'avoir arraché à leurs foyers tant de paisibles habitants des régions envahies constitue incontestablement une violation du droit des gens. Cet acte est d'autant plus grave que les Allemands, non contents de mettre par une telle mesure des hommes mobilisables dans l'impossibilité de porter les armes contre eux, ont réduit en captivité un très grand nombre de vieillards, d'enfants et de femmes dont quelques-unes même étaient enceintes.

Certaines personnes ont été arrêtées sous le prétexte faux qu'un de leurs concitoyens avait tiré sur les troupes allemandes; d'autres ont été appréhendées sans explication, sur les routes, au milieu des champs ou dans leurs demeures. Beaucoup ont reçu l'ordre de se rassembler dans un lieu déterminé. A un grand nombre on a fait croire, au moment de les emmener, qu'on allait simplement les conduire dans une commune voisine pour les mettre à l'abri d'une bataille imminente.

Ce qu'il y a de particulièrement révoltant, c'est que l'autorité militaire allemande, en se saisissant au hasard des gens qui lui tombaient sous la main, ne se faisait aucun scrupule de séparer les membres d'une même famille et de les envoyer dans des camps différents. De jeunes enfants ont été compris dans d'autres convois que leurs mères, et des femmes ignorent encore ce que sont devenus leurs maris. Ainsi, à Lübeck, on a obligé un jour tous les hommes à descendre du train qui les avait amenés jusque-là avec leurs femmes, et on leur a fait prendre aux uns et aux autres des directions différentes. Ainsi encore, à Thiaucourt, le 3 septembre, des soldats qui étaient venus chercher chez elle la dame André, soi-disant pour qu'elle donnât à leur commandant un renseignement dont il avait besoin, l'empêchèrent de prendre avec elle ses enfants, en lui affirmant qu'elle allait revenir; mais aussitôt qu'elle comparut devant l'officier, celui-ci, sans articuler contre elle aucun grief, se borna à ordonner qu'elle fût expédiée en Allemagne.

Tous les prisonniers étaient d'abord astreints à effectuer à pied un trajet plus ou moins long et plus ou moins pénible, au cours duquel ils passaient les nuits dans un enclos, dans une gare ou dans une église; puis on les faisait monter dans des wagons à bestiaux pour les transférer en pays allemand. Pendant le voyage, ils ne recevaient généralement aucune nourriture. La plupart d'entre eux ont dû rester ainsi plusieurs jours sans boire ni manger, et beaucoup de ceux qui ont été enlevés dans le nord de la France auraient pu mourir de faim si, à leur passage en Belgique, des femmes charitables n'étaient parvenues à leur remettre quelques aliments.

Le départ de ces pauvres gens a été marqué d'incidents cruels. Nous croyons devoir vous en rapporter quelques-uns, à titre d'exemples. Les habitants de la commune de Montblainville (Meuse), quand on les a emmenés, ont été accablés de mauvais traitements. Des prisonniers de Roubaix et des environs, après avoir été également maltraités, ont été entassés, au nombre de soixante à quatre-vingt-cinq par voiture, dans des fourgons où il leur était impossible de s'asseoir et où, durant soixante-douze heures, on ne leur a donné que deux fois de la nourriture; enfin, ceux d'Hendecourt (Pas-de-Calais) ont été contraints de coucher sur les dalles de l'église Saint-Pierre de Douai dans laquelle ils ont été enfermés pendant huit jours avant d'être mis en chemin de fer.

Dans notre rapport du 17 décembre, nous vous avons rendu compte de l'enlèvement de dix-huit habitants de Varreddes (Seine-et-Marne). « D'après les renseignements recueillis, écrivions-nous, trois de ces hommes auraient été massacrés; en tout cas, la mort de l'un des plus âgés, le sieur Jourdaine, vieillard de soixante-treize ans, est certaine. Traîné jusqu'au village de Coulombs et ne pouvant plus marcher, le malheureux fut frappé d'un coup de baïonnette au front et d'un coup de revolver au cœur. » Ce n'était là, malheureusement, qu'une partie de la vérité. Nous avons pu, en effet, à la suite de transports ultérieurs, reconstituer plus complètement ce qu'a été le douloureux calvaire des otages de Varreddes et, le 2 de ce mois, il nous a été donné d'entendre de la bouche même de deux de ceux-ci, rapatriés depuis quelques jours, le récit des souffrances qui leur ont été imposées.

C'est les 5, 6, 7 et 8 septembre que vingt hommes, et non dix-huit comme on nous l'avait dit d'abord, ont été arrêtés chez eux ou sur la voie publique par les Allemands, qui se disposaient à battre en retraite. Trois d'entre eux étant parvenus à s'évader sont rentrés au village le surlendemain de leur arrestation. Tous leurs compagnons ont été emmenés. Des témoignages nombreux, reçus à Varreddes et sur divers points du chemin parcouru par les prisonniers, établissent que quatre au moins de ceux-ci ont été massacrés parce que, complètement épuisés, ils ne pouvaient plus suivre la colonne.

Jourdaine, comme nous l'avons dit, a été tué à Coulombs. Liévin, âgé de soixante et un ans, a été entraîné dans le cimetière de Chouy (Aisne), où il a été fusillé. L'infortuné a placé lui-même son mouchoir devant ses yeux, pour ne pas voir les fusils braqués sur sa poitrine. Ménil, âgé de soixante-sept ans, a été assommé à coups de crosse, sur le territoire de la même commune. Milliardet, âgé de soixante-dix-huit ans, a été fusillé à Chézy-en-Orxois. Ce ne sont probablement pas les seuls qui aient été assassinés. Il est vraisemblable que le curé Fossin a subi le même sort. Accusé d'avoir fait du haut de son clocher des signaux à une troupe française, il a disparu en route, après avoir été roué de coups qui avaient mis sa soutane en lambeaux. Un officier a déclaré qu'il venait d'être exécuté. Enfin, d'après ce qu'a appris M. Lebel, l'un des deux rapatriés, MM. Terré et Vapaille auraient été également mis à mort. On n'a d'eux aucune nouvelle, non plus que de M. Croix, qui a cessé de suivre le convoi dans les environs de Chouy.

En quatre jours, les survivants n'ont pris que deux repas, l'un à Soissons, qui leur a été apporté par des dames de la Croix-Rouge française, l'autre à Chauny, qui leur a été fourni par des habitants. C'est de cette dernière commune qu'ils ont été embarqués pour l'Allemagne, avec d'autres prisonniers, dans des wagons à bestiaux où ils ont dû se tenir debout ou accroupis faute de bancs. Pendant les quatre journées qu'a duré le trajet en chemin de fer, on ne leur a donné qu'une seule fois à manger, et ils ont été violemment frappés à coups de bâton, de poing et de manche de couteau. Un soldat est monté jusqu'à trois fois dans un fourgon pour s'y livrer, sans aucun motif, à des actes de brutalité.

Le 23 septembre, MM. Woimbée, âgé de soixante et un ans, et Fortin, âgé de soixante-cinq ans, tous deux cultivateurs à Lavignéville (Meuse), ont été arrêtés chez eux, sous le prétexte qu'ils étaient francs-tireurs; or, Woimbée avait eu un pied cassé, deux mois auparavant, et Fortin, atteint de rhumatismes chroniques, était depuis longtemps dans l'impossibilité de marcher sans le secours d'un bâton. Les Allemands les emmenèrent dans leur costume de travail, sans leur laisser le temps de prendre d'autres vêtements, et les joignirent à un convoi comprenant une trentaine de soldats prisonniers. Fortin, qui ne pouvait avancer, fut attaché avec une corde, dont deux cavaliers tinrent les extrémités, et il dut, malgré son infirmité, suivre le pas des chevaux. Comme il tombait à chaque instant, on le frappait avec des lances pour l'obliger à se relever. Le malheureux, couvert de sang, suppliait en grâce qu'on le tuât. Woimbée finit par obtenir l'autorisation de le porter jusqu'au village de Saint-Maurice-sous-les-Côtes avec l'aide de plusieurs de nos soldats. Là, les Allemands, ayant fait entrer les deux vieillards dans une maison, les forcèrent à se tenir debout pendant deux heures, face au mur et les bras en croix, tandis qu'eux-mêmes maniaient bruyamment leurs armes, pour faire croire à leurs victimes qu'ils allaient les fusiller. Ils se décidèrent enfin à les laisser s'étendre à terre et leur donnèrent un peu de pain et d'eau. Depuis plus de vingt-quatre heures, Woimbée et Fortin n'avaient pas mangé.

A Bantheville (Meuse), le jeune Miquel (Félix), âgé de quinze ans, qui s'était caché derrière un tas de fagots pour n'être pas arrêté, reçut du soldat qui le découvrit un violent coup de sabre qui lui fendit les lèvres; puis, tandis qu'on l'emmenait, comme il essayait de se sauver dans un bois, il se heurta à une sentinelle qui, d'un coup de baïonnette, lui enleva une phalange de la main gauche.

Cent quatre-vingt-neuf habitants de Sinceny (Aisne), envoyés à Erfurt, y sont arrivés après un voyage de quatre-vingt-quatre heures, pendant lequel chacun d'eux n'a reçu qu'un seul morceau de pain d'environ 100 grammes. En traversant la Belgique, quelques-uns ont été un peu ravitaillés par des dames, mais la plus grande partie de ce qu'elles leur ont donné a été mangée par les gardiens.

Le 10 octobre, une colonne composée d'environ deux mille hommes qui devaient passer devant un conseil de revision se rendait à Gravelines, quand, dans la matinée, elle fut attaquée près du Maisnil (Nord) par des forces allemandes qui ouvrirent sur elle un feu de mitrailleuses à moins de 500 mètres. Le tir eut lieu à deux reprises pendant une heure et demie, faisant de nombreuses victimes. Des hussards se précipitèrent ensuite sur les Français qui s'étaient couchés pour éviter les balles, les firent relever et les emmenèrent, non sans avoir volé à la plupart leur sac de voyage. M. Maille, de Tourcoing, se vit ainsi dépouillé de sa valise, qui contenait une somme de 2,300 francs. Le 12, à onze heures du matin, les prisonniers furent embarqués dans des wagons à bestiaux, à raison de soixante par voiture, et envoyés au camp de Parchim.

Entre le Maisnil et Beaucamps, les hussards avaient contraint leurs captifs à prendre le pas gymnastique et tué à coups de carabine ceux qui n'avaient pas pu suivre. Ils avaient également fusillé un conseiller municipal de Fournes parce qu'il demandait la raison de son arrestation, et un lieutenant blessé qui avait été pris dans un convoi du 8e territorial.

Le 22 septembre, à sept heures du matin, tous les habitants de la commune de

Combres (Meuse) furent arrêtés et conduits sur le flanc d'une colline, où on les fit stationner dans un endroit découvert exposé au feu de notre artillerie et à celui des tirailleurs français, dont on voyait parfaitement les tranchées. Comme, pour se faire reconnaître des nôtres, ils agitaient leurs mouchoirs et leurs chapeaux, l'artillerie ne tarda pas à se taire et l'infanterie ne tira pas.

A sept heures du soir, ils furent ramenés au village. On leur donna alors une heure pour aller prendre chez eux ce dont ils pouvaient avoir besoin, faculté d'ailleurs bien vaine, les maisons ayant été à peu près complètement pillées, et on les prévint que ceux qui manqueraient au rassemblement seraient impitoyablement fusillés. A huit heures, on les enferma dans l'église, puis le lendemain, à quatre heures du matin, on les en fit sortir pour les exposer de nouveau aux obus sur le même coteau que la veille. Ils eurent la chance de n'être pas atteints, à l'exception d'une femme qui fut légèrement blessée. De retour à Combres au commencement de la soirée, ils furent, comme pendant la nuit précédente, emprisonnés dans l'église, où ils restèrent cinq jours. Enfin, le commandant les prévint qu'ils allaient partir pour Herbeuville. Dans cette localité, on ordonna aux hommes de sortir des rangs et, le jour suivant, après leur avoir fait faire des marches inutiles, on les emmena à Mars-la-Tour. Là, les Allemands leur apportèrent un baquet contenant des choses infectes parmi lesquelles se trouvaient des morceaux de viande à moitié crue; et l'on vit les malheureux se jeter sur cette nourriture nauséabonde et la saisir à pleines mains, n'ayant ni gamelles ni cuillers pour la recueillir.

Enfin, le 28, à cinq heures du soir, les prisonniers durent monter dans des wagons à bestiaux pour être transférés au camp de Zwickau. Quand le train passa à Frankenthal, les gardiens ouvrirent les panneaux des fourgons pour exhiber les Français captifs aux enfants des écoles rassemblés dans la gare avec le reste de la population.

Tandis que les hommes de Combres partaient pour l'Allemagne, leurs femmes et leurs enfants étaient consignés dans l'église du village. Ils y furent maintenus pendant un mois, passant les nuits assis sur les bancs. La dysenterie et le croup sévissaient parmi eux, et les femmes n'étaient autorisées à porter les déjections que tout à proximité des portes, dans le cimetière.

Si les prisonniers civils ont eu à supporter, pendant la durée de leur transfèrement, bien des privations et bien des souffrances, ils n'ont guère été moins à plaindre dans les lieux de concentration où ils ont été internés en Allemagne. Ils étaient logés généralement dans des baraquements en planches de sapin, couverts avec du carton bitumé. A Güstrow, toutefois, certains d'entre eux ont été entassés dans de grandes tentes semblables à des baraques foraines où il n'y avait ni chauffage ni éclairage, et où la plupart couchaient sur de la paille recouvrant directement le sol. Dans plusieurs camps, comme à Gardelegen et à Grafenwöhr, les planches mal jointes laissaient passer l'humidité. Presque partout, cependant, les baraquements, tout au moins à partir de Noël, ont été chauffés par des poêles.

Les civils ont été internés dans les mêmes camps que les militaires, mais ne se sont trouvés que rarement confondus avec eux dans les bâtiments. Les femmes ont été détenues avec les jeunes enfants principalement à Giessen, à Grafenwöhr, à Amberg, à Landau, à Zwickau et à Holzminden.

Le couchage se composait d'une paillasse, d'une ou deux couvertures par personne et quelquefois d'un traversin. Les paillasses étaient garnies d'une paille effritée ou, ce qui était le cas le plus fréquent, de copeaux qui, en se tassant sous le poids du corps, devenaient rapidement fort durs. Cependant à Zwickau, où un baraquement comprenait quatre étages, les femmes, auxquelles était réservé le rez-de-chaussée, et les hommes qui habitaient le premier avaient seuls des paillasses.

Encore ceux qui étaient ainsi traités n'étaient-ils pas les plus malheureux; car les prisonniers de Parchim, pendant trois mois, ceux de Cassel, pendant deux mois, ont, comme ceux de Güstrow, couché dans des tentes, sur de la paille étendue à même le sol et pour ainsi dire jamais renouvelée.

Parmi les internés d'Erfurt, certains également ont été relégués sous des tentes, avec une simple litière comme celle des animaux, depuis le 23 septembre jusqu'au 1ᵉʳ novembre. D'autres ont été logés successivement dans une prison où ils avaient un matelas chacun, puis dans des baraquements où on les a fait dormir sur la paille. Ceux de Quedlinbourg ont passé un mois dans des baraques où l'eau se répandait et où ils n'avaient pour se reposer qu'une paille pourrie étalée sur le plancher. Ceux de Chemnitz ont couché pendant trois mois sur la même paille, dans l'écurie d'une caserne. A Grafenwöhr, l'un des camps où, comme à Parchim et à Zwickau, le régime a été le plus détestable, nos compatriotes ont été réunis, jusqu'au 3 novembre, dans des baraquements dont les planches étaient disjointes et où ils dormaient sur la paille, avec une seule couverture pour deux personnes. Au fort d'Ingolstadt, enfin, on les a mis dans des salles voûtées contenant chacune de vingt à vingt-trois hommes, et, après ne leur avoir donné pendant deux mois que de la paille pour se coucher, on a fini par leur distribuer des paillasses.

Une telle organisation devait naturellement avoir des résultats déplorables au point de vue de la propreté et de l'hygiène. On a vu un jour un interné dont le torse était tellement couvert de poux qu'ils y formaient une véritable couche vivante. Dans tous les camps, d'ailleurs, la vermine qui pullulait constituait pour les prisonniers un supplice d'autant plus intolérable que l'administration ne faisait rien pour y remédier. Il paraît même qu'à Güstrow les soldats se moquaient ouvertement de ceux qui essayaient de détruire les insectes dégoûtants dont ils étaient infestés. A Landau, cependant, ils ont tenté d'en débarrasser la veuve Minaux, de Béncy (Meuse), âgée de quatre-vingt-sept ans. Pour cela ils n'ont rien trouvé de mieux que de l'inonder de pétrole après l'avoir déshabillée. A la suite de cette opération, la pauvre vieille est tombée gravement malade et elle est morte le 20 janvier.

Un seul rapatrié nous a déclaré avoir eu un lit. C'est un jeune homme qui, ayant été blessé au pied, s'est trouvé, seul civil, avec quatre cents prisonniers militaires, à Königsbrück. Celui-là n'a jamais eu à se plaindre ni du logement ni de la nourriture. Ceux de nos concitoyens qui ont été internés à Bayreuth ont été, eux aussi, bien traités. Ils ont dû le régime exceptionnel dont ils ont bénéficié à la bienveillance et à l'humanité d'un général allemand qui était un soldat et non pas un bourreau.

L'alimentation était à peu près la même partout. Elle se composait au réveil d'une décoction d'orge grillée, sans sucre; à midi, d'une portion de riz, ou de macaroni ou de betteraves, ou de féveroles ou de rutabagas; quelquefois de choucroute dure, plus rarement de pommes de terre écrasées avec la pelure ou de marrons pilés avec l'écorce; le soir, tantôt d'une espèce de soupe faite de matière farineuse délayée dans de l'eau, tantôt de légumes, comme au repas précédent, ou d'avoine concassée, parfois aussi d'un hareng, le plus souvent gâté, d'un peu de boudin froid ou d'un petit morceau de très mauvais fromage.

Dans la gamelle de midi, on découvrait généralement quelques filaments d'un hachis fait de déchets et d'abats, du pis de vache, des boyaux de porc, de la rate ou du poumon. A Amberg, pourtant, à Landau et à Ingolstadt, on avait un peu de viande mangeable. A Quedlinbourg, tous les deux jours, et à Limbourg, une fois par jour, on en avait également; mais elle était fort mauvaise. A Holzminden, le dimanche, un petit morceau de mouton était ajouté à l'ordinaire.

Enfin du pain noir, collant, ressemblant à du mastic, et qu'on ne pouvait manger qu'après l'avoir fait griller, était distribué à raison d'une boule d'un kilogramme environ pour trois ou quatre personnes, ou d'une boule par personne pour trois ou quatre jours. Les très jeunes enfants recevaient une petite quantité de lait et quelquefois une tranche de pain blanc.

Il résulte de toutes les déclarations qui nous ont été faites que la plupart des prisonniers défaillaient presque d'inanition. Après la distribution, quand il restait quelque chose, on voyait certains d'entre eux, des soldats principalement, se ruer aux abords des cuisines; c'était ce qu'on appelait « aller au rabiot ». Alors les malheureux, bousculés et frappés par les sentinelles, risquaient les mauvais traitements et les injures pour essayer d'arracher quelques bribes supplémentaires d'une nourriture écœurante. La dame Ravenel, de Verry (Meuse), nous a dit avoir aperçu à Holzminden des hommes qui, mourant de faim, ramassaient pour les dévorer des têtes de hareng et le marc de la décoction du matin.

Dans certains camps, on ne faisait pas travailler les prisonniers; dans d'autres, au contraire, ils étaient astreints à une besogne plus ou moins pénible. A Altengrabow, on les occupait sur les routes ou dans les champs, et on en mettait à la disposition d'entrepreneurs qui ne leur donnaient aucune rétribution. A Cassel et à Güstrow, on leur faisait effectuer des travaux de terrassement; à Wahn, ils manœuvraient des rouleaux à écraser les cailloux et traînaient des chariots. Quand ils ne pouvaient plus travailler, ils étaient privés de gamelle. A Parchim, les uns faisaient des tresses et des paillassons, d'autres déchargeaient des wagons ou traînaient des voitures de vidange, à l'aide d'une corde à laquelle étaient attelés quatre-vingts hommes environ. Cette dernière corvée était fort pénible pour des gens épuisés, parce que les véhicules, extrêmement lourds, s'enfonçaient dans le sable, mais elle était encore moins redoutée que celle qui consistait à transporter à pleins bras la paille pourrie et remplie de vermine sur laquelle on avait couché dans les tentes. Le prisonnier qui fournissait un travail jugé insuffisant devait quelquefois exécuter quatre heures de pas gymnastique entrecoupé de courts arrêts. Le jeune Pochet (Nicolas), âgé de dix-huit ans, de Vaulx-Vraucourt (Pas-de-Calais), nous a affirmé, en outre, que trois cents internés de Wahn, au nombre desquels il était, avaient été contraints d'aller travailler, à sept kilomètres du camp, à des tranchées de la défense de Cologne, et que plusieurs prisonniers civils avaient été employés, quand les Allemands venaient de faire des expériences de tir, à déterrer et à relever les obus qui n'avaient pas éclaté.

La discipline était différente suivant les lieux d'internement. Elle était en général assez rigoureuse, et des fautes souvent peu graves étaient réprimées par un châtiment humiliant qui consistait à attacher l'homme puni à un poteau, par le cou, par les mains liées derrière le dos et par les pieds. Cette peine durait ordinairement deux heures et, comme on avait soin de l'appliquer pendant le repas de midi, elle entraînait une privation de nourriture.

Dans plusieurs camps, notamment à Gardelegen et à Altengrabow, les prisonniers étaient l'objet de sévices. A Holzminden, un jeune homme qui, mourant presque de faim, demandait instamment à manger, a été battu par un gardien, puis mis en cellule pendant six jours. A Darmstadt, il y avait un caporal dont la violence et la méchanceté étaient extrêmes. On l'a vu frapper à la tête avec un sabre un prisonnier militaire qui ne l'avait pas salué. Une autre fois, il a percé de sa baïonnette la poitrine d'un soldat qui lui avait dit que, quand on n'a pas à manger, on ne doit pas travailler. Le blessé, transporté à l'hôpital, y est mort le lendemain.

A Güstrow, Louis Fournier a été frappé d'un coup de baïonnette, parce qu'il avait allumé sa pipe étant au travail, ce qui l'avait empêché de participer au renversement d'un wagonnet; et un sous-officier, en tirant sans motif un coup de revolver sur un groupe, a blessé à la hanche le nommé Boniface. Un jour, à Erfurt, un de nos soldats, ayant involontairement cassé un carreau, a reçu d'une sentinelle un coup de baïonnette à la suite duquel il est mort le lendemain. A Parchim, enfin, deux civils qui demandaient « du rabiot » ont été si brutalement frappés à coups de crosse qu'ils ont succombé à leurs blessures. Le fils de l'un d'eux, pour avoir essayé de protéger son père, a été mis au poteau huit jours de suite, de midi à deux heures. Dans ce camp, l'un des plus mauvais et des plus durs de toute l'Allemagne, les prisonniers qui ne saluaient pas les sous-officiers ou même les soldats secrétaires de groupe recevaient une paire de gifles. C'est là que l'aide-major Page, dont nous avons entendu à Paris la déposition, a été interné, après avoir été dévalisé par des Allemands. Les déclarations qu'il nous a faites concordent absolument avec celles que nous avons recueillies ensuite dans notre récent voyage. Il a dû coucher sous une tente, sur une botte de paille, et il a été prévenu en arrivant que, s'il avait de l'argent, il pourrait recevoir la même nourriture que les sous-officiers prussiens, mais que, s'il n'était pas en situation de payer, il devrait se contenter chaque jour de deux soupes d'orge, d'avoine ou de riz, de 250 grammes de pain et d'un peu de café, comme le commun des prisonniers. « Il y a dans le camp, nous a-t-il dit, deux mille soldats belges, deux mille civils français de douze à soixante-dix-sept ans, et deux mille hommes de notre armée, parmi lesquels un très grand nombre de blessés et d'infirmiers. On ne leur donne pas un centime, et ceux qui ne possèdent pas d'argent meurent presque de faim. Quand il reste un peu de soupe, une foule de ces malheureux se précipite pour en obtenir et les sous-officiers finissent par s'en débarrasser en lâchant des chiens sur eux. »

Dans la plupart des camps, l'état sanitaire était fort mauvais et la mortalité considérable. On n'y recevait pour ainsi dire pas de soins. Les médecins allemands qui passaient se contentaient d'examiner les malades. En dehors de la teinture d'iode, ils ne prescrivaient pas de remèdes. Quant aux docteurs français, internés eux-mêmes en assez grand nombre, ils faisaient de leur mieux, mais ils ne disposaient d'aucun médicament. Les cas de bronchite et de pneumonie étaient particulièrement nombreux. A Holzminden, on voyait des hommes tomber d'épuisement. Une vieille femme de Saint-Sauveur (Meurthe-et-Moselle), Mme Thirion, y est restée malade, étendue sur sa paillasse pendant trois semaines, sans pouvoir obtenir, malgré ses demandes réitérées, qu'on lui amenât le médecin. Celui-ci est venu seulement le jour où elle est morte. Cent trente prisonniers civils environ sont décédés à Grafenwöhr. « On s'y éteignait comme des bougies, car on n'avait plus la force de se tenir sur ses jambes », nous a dit le maire de Montblainville. Tant à Rastadt qu'à Zwickau, vingt-cinq habitants d'Hannonville et treize de Combres sont morts.

Ces exemples suffisent à donner une idée des pertes qui ont décimé la population civile dans les camps allemands. On peut dire que rien n'était fait pour prévenir les maladies et les décès. A Parchim, les malades devaient attendre l'examen médical pendant plus d'une heure, sous la neige et sous la pluie, à la porte de l'infirmerie. Quand ils battaient la semelle pour se réchauffer, ils étaient menacés ou frappés par le sergent infirmier. A Cassel enfin, où il fallait être presque mourant pour qu'on vous admît dans les locaux sanitaires, le prisonnier qui n'était pas reconnu malade quand il se présentait à la visite était privé de nourriture pendant deux jours.

Immédiatement avant leur rapatriement, tous nos concitoyens ont été soumis à un internement de plusieurs jours dans les casemates de la forteresse de Rastadt, où l'air et la lumière ne pénétraient qu'à peine. Ils y enduraient la pire misère, accroupis sur des bancs, n'osant s'étendre sur les quelques poignées de copeaux destinées à leur servir de couche et évitant tout contact avec le sol, tant était répugnante l'immonde vermine qu'ils y voyaient grouiller. La discipline était très dure. A chaque instant des prisonniers étaient rudoyés par les soldats qui les gardaient et, pour les obliger à se rassembler, on employait parfois des chiens qui les poursuivaient comme un bétail.

Dès le début de notre mission, nous avons pris le parti, Monsieur le Président, de donner à nos rapports la forme simple et purement objective qui caractérise les documents judiciaires. Il nous est cependant impossible de taire complètement la tristesse et l'indignation que nous avons ressenties, en voyant l'état affligeant dans lequel les Allemands nous ont rendu les otages qu'ils avaient enlevés de notre territoire, au mépris de tout droit des gens. Pendant le cours de notre enquête, nous n'avons cessé d'entendre la toux obsédante qui déchirait les poitrines. Nous avons vu de nombreux jeunes gens dont la gaieté semblait morte et dont les visages émaciés et pâlis décelaient la tare physique déjà peut-être irréparable. Aussi la pensée nous venait-elle malgré nous que la scientifique Allemagne, qui se targue si volontiers d'avoir toujours marché à la tête des nations dans la lutte contre la tuberculose, semble avoir appliqué son esprit de méthode à préparer dans notre pays la propagation du fléau redoutable qu'elle a si ardemment combattu chez elle.

Nous n'avons pas été moins profondément émus en voyant des femmes pleurer leurs foyers abandonnés, leurs maris, leurs enfants disparus ou retenus captifs et en remarquant sur la physionomie d'un grand nombre de prisonniers et jusque dans leurs attitudes l'empreinte morale laissée par un régime odieux, inflexiblement destiné à abolir chez ceux qui le subissent le sentiment de la dignité et de la fierté humaines.

Nos impressions n'ont rien d'exagéré ; et pourtant, nous avons visité les rapatriés à un moment où leur santé ébranlée avait déjà pu se rétablir un peu sur le sol bienfaisant de la France. Ceux qui les ont accueillis à leur arrivée ont été épouvantés de leur délabrement et de leur faiblesse.

Le maire de Saint-Egrève, qui en a reçu une vingtaine et les a logés dans une école, nous a dit qu'au début de leur séjour dans sa commune, les femmes principalement étaient très déprimées. Elles se croyaient encore en prison et se montraient si craintives que, pour sortir ou pour écrire une lettre, elles demandaient des permissions. M. Matraire, sous-préfet de Saint-Julien, M. le commissaire spécial Perrier et M. le docteur Favre, maire d'Annemasse, ont constaté l'état de misère physiologique dans lequel se trouvaient presque tous les arrivants. Un convoi de treize cents personnes a été particulièrement impressionnant, et il a fallu transporter sur des brancards, à la descente du tramway, une trentaine de femmes qui en faisaient partie. Plusieurs d'entre elles étaient octogénaires ; deux avaient plus de quatre-vingt-dix ans. C'étaient, nous a-t-on dit, de véritables loques.

M. le docteur Lapiné, dont le témoignage est d'autant moins suspect qu'il émane non d'un de nos compatriotes, mais d'un citoyen argentin, médecin de la Faculté de Genève, a examiné environ cinq cents prisonniers civils rapatriés. La plupart étaient profondément épuisés. Beaucoup de vieillards étaient atteints de bronchite ou d'emphysème ; plusieurs sont morts à Annemasse de congestion pulmonaire ou d'affaiblissement cardiaque. Comme ils étaient dans un état de dénutrition épouvantable, la moindre des affections prenait chez eux une allure grave. Le docteur a constaté chez trente ou quarante femmes un trouble physiologique persistant, phénomène qu'il attribue à une violente commotion nerveuse ; et il a soigné trois cas d'aliénation mentale.

Nous ne saurions terminer ce rapport, Monsieur le Président du Conseil, sans vous signaler l'émotion reconnaissante avec laquelle tous nos rapatriés nous ont fait part de l'accueil si touchant qu'ils ont reçu dès leur arrivée à Schaffhouse. Des aliments, des vêtements, des chaussures et du linge leur ont été distribués. Les meilleurs secours leur ont été prodigués par des femmes généreuses, que l'aspect lamentable de ces malheureux ne rebutait pas, et qui, remplies de pitié pour les infortunes dont elles étaient témoins, trouvaient dans la bonté de leur cœur les ressources de cette bienveillance affectueuse qui, plus encore que les soins matériels, console et réconforte les âmes meurtries. La gratitude que la Suisse a su inspirer à tant de pauvres gens si cruellement éprouvés est immense ; nous en avons recueilli partout le témoignage.

Veuillez agréer, Monsieur le Président du Conseil, l'expression de notre respectueux dévouement.

Paris, le 8 mars 1915.

G. PAYELLE, *président ;*   G. MARINGER ;

Armand MOLLARD ;   PAILLOT, *rapporteur.*

PROCÈS-VERBAUX D'ENQUÊTE

PROCÈS-VERBAUX D'ENQUÊTE.

—

N°s 1, 2, 3, 4, 5, 6.

L'an mil neuf cent quinze, le vingt-deux janvier, à Varreddes (Seine-et-Marne), devant nous, Georges Payelle, Premier Président de la Cour des Comptes, commandeur de la Légion d'honneur; Armand Mollard, Ministre plénipotentiaire, officier de la Légion d'honneur; Georges Maringer, Conseiller d'État, commandeur de la Légion d'honneur; Edmond Paillot, Conseiller à la Cour de Cassation, officier de la Légion d'honneur, membres de la Commission instituée par décret du 23 septembre 1914, ont comparu les personnes ci-après nommées; elles nous ont fait les déclarations suivantes :

Liévin (François), âgé de 69 ans, maire de Varreddes, chevalier de la Légion d'honneur déjà entendu(1) :

Je jure de dire la vérité.

C'est exactement vingt otages que les Allemands ont pris dans notre commune, les 5, 6, 7 et 8 septembre dernier. Trois sont revenus le surlendemain de leur arrestation. Ce sont MM. Mérillon, gendarme en retraite, Denis (Jules) et Denis (Barthélemy).

Cinq ont été massacrés : M. Jourdaine (Jean), âgé de 77 ans, qui a été fusillé à Coulombs et enterré à Congis; M. Denet (Louis), âgé de 69 ans, qui a été fusillé à Mauperthuis et inhumé à Saints; M. Liévin (Jules-Eugène-Edmond), âgé de 61 ans, qui a été fusillé, le 10 septembre, à Chouy (Aisne) et dont le corps, après avoir été inhumé provisoirement dans le cimetière de cette commune, a été ramené ici; M. Milliardet (Jules), âgé de 78 ans, qui a été fusillé à Chézy-en-Orxois (Aisne), où son cadavre est resté; enfin M. Ménil (Eugène), âgé de 67 ans, qui a été fusillé à Chouy, le 10 septembre, et y a été enterré.

Huit sont prisonniers à Erfurt (Thuringe), ainsi que nous en avons été avisés par une lettre que m'a adressée l'un d'eux, M. Combe, âgé de 55 ans, conseiller municipal. Ce sont, outre ce dernier, MM. Denis (Paul-Vincent), âgé de 63 ans; Leriche (Eugène), âgé de 74 ans; Lebel (Paul), âgé de 63 ans; Favre (Désir), âgé de 73 ans; Favre (René), âgé de 14 ans, petit-fils du précédent; Lacour, âgé de 60 ans, et Roy (Louis), âgé de 48 ans.

On est sans nouvelles de MM. Terré (Édouard), âgé de 58 ans; l'abbé Fossin, curé, âgé de 75 ans; Vapaille (Ernest), âgé de 48 ans, et de M. Croix (Louis), âgé de 64 ans.

Tels sont les renseignements qu'il m'est possible de vous fournir, pour compléter les indications nécessaires plus sommaires que je vous avais données lors de votre premier transport.

Après lecture, le témoin a signé avec nous.

————

Pateau (Alphonsine), veuve Denet, âgée de 65 ans, demeurant à Varreddes :

Je jure de dire la vérité.

Le dimanche 6 septembre, je me trouvais avec mon mari chez les époux Roger, à la ferme des Gatineaux, commune de Saint-Augustin, près de Mauperthuis. Des Allemands

———

(1) V. Rapports et procès-verbaux d'enquête de la Commission, I, page 54.

2.

qui s'y étaient déjà présentés et y avaient mangé dans la journée y sont revenus vers six heures du soir, au nombre de huit. Ils ont dit : « Il y avait trois hommes ici, ce matin, il nous les faut, il n'y en a plus que deux », puis ils ont fait sortir tout le monde dans la cour. Ils se sont alors saisis de M. Roger et de Denet et les ont emmenés. Comme je voulais m'approcher pour voir partir mon mari, les Allemands m'ont menacée en criant : « Pas de bruit, pas de soupirement ! (sic) » et l'un d'eux me plaçait sur la gorge le canon de son fusil, tandis que d'autres mettaient en joue Mᵐᵉ Roger et ses enfants. Le troisième otage qu'ils réclamaient était un jeune garçon de quatorze ans, neveu de M. Roger. Il était caché dans une chambre.

J'ai appris, depuis, par une lettre de Mᵐᵉ Roger, que mon malheureux mari avait été fusillé à Saints et qu'à l'endroit où il avait été enterré, était enfoncé un manche de bêche sur l'extrémité duquel était inscrite la mention suivante : « Louis Denet, décédé le 6 septembre ». Quand je suis allée à Saints pour visiter la tombe, j'ai vu à la mairie ce manche de bêche, ainsi que le livret de travail de Denet.

Après lecture, le témoin a déclaré persister dans sa déposition et a dit ne savoir signer.

Liévin (Marthe), femme David, âgée de 35 ans, demeurant à Varreddes :

Je jure de dire la vérité.

J'ai appris par une lettre du maire de Chouy que mon père, Liévin (Jules-Eugène-Edmond), qui avait été pris comme otage, le 8 septembre, lors du passage des Allemands ici, avait été fusillé dans cette commune, le jeudi 10 du même mois. D'après les renseignements que j'ai recueillis à Chouy, mon père, qui était emmené avec une cinquantaine d'autres prisonniers, ne pouvait suivre les Allemands dans leur marche précipitée et tombait à chaque instant. Il était en effet obèse, avait le cœur malade et marchait difficilement. Quand ils furent arrivés devant le cimetière, les Allemands l'y firent entrer et le placèrent à une vingtaine de mètres de la porte. Mon pauvre père, sentant que sa dernière heure était venue, mit son mouchoir sur ses yeux. Aussitôt il reçut trois balles, deux à la tête et une au cœur. Les papiers dont il était porteur auraient suffi pour permettre de l'identifier ; son cadavre a d'ailleurs été formellement reconnu.

Après lecture, le témoin a signé avec nous.

Lelubre (Amélia), âgée de 73 ans, veuve Milliardet, à Varreddes :

Je jure de dire la vérité.

Le 8 septembre, mon mari a été pris comme otage. Comme je m'approchais de lui, les Allemands nous séparèrent si brutalement que je tombai et que j'eus le genou fendu. Milliardet a été emmené avec des chaussons aux pieds et, comme il avait une hernie double, il ne pouvait marcher facilement. Je suis même étonnée qu'il lui ait été possible d'aller jusqu'à Chézy. J'ai su que, dans cette commune, sans doute parce qu'il était à bout de forces, il avait été tué d'un coup de baïonnette au cœur. Le corps a été facilement identifié : mon mari avait une loupe sur le nez et sa main droite était enflée. Il portait un vêtement de peintre, blouse et pantalon de coutil blanc.

Après lecture, le témoin a persisté dans sa déposition et a déclaré ne savoir signer.

Sévin (Jules-Théodore), âgé de 60 ans, sous-brigadier des gardiens de la paix en retraite, demeurant à Varreddes :

Je jure de dire la vérité.

Dans le courant du mois de septembre, je me suis rendu à Chézy pour recueillir des renseignements sur la mort de M. Milliardet. Le cadavre a été parfaitement identifié et sans aucun doute possible en présence des détails qui m'ont été fournis sur l'aspect du corps. Je connaissais parfaitement Milliardet. Il avait travaillé pour moi quelques jours avant son arrestation.

Après lecture, le témoin a signé avec nous.

Ménil (Léontine), veuve Ménil, âgée de 62 ans, demeurant à Varreddes :

Je jure de dire la vérité.

Le mardi 8 septembre, mon mari était en train de donner à boire à son cheval, quand les Allemands l'ont arrêté sans motif. Il a été fusillé sur le territoire de Chouy. On m'a remis son porte-monnaie, ses souliers et un morceau de toile que j'avais moi-même enroulé autour de sa main gauche, qui était écorchée.

Je ne sais pas le nom de l'homme qui a ramassé le corps, mais sa femme s'appelle Julie Liévin de son nom de fille. C'est lui qui m'a remis les objets trouvés sur mon mari.

Après lecture, le témoin a signé avec nous.

N°s 7, 8, 9, 10, 11.

L'an mil neuf cent quinze, le 28 janvier, à Chouy (Aisne), devant nous,... etc.. ..

Hanat (Amand), âgé de 57 ans, maire de Chouy :

Je jure de dire la vérité.

Les Allemands sont passés ici le 2 septembre ; ils n'ont commis aucun acte criminel. Le 9 du même mois, ils sont repassés, lors de leur retraite. Alors ils ont pillé la commune, causant des pertes dont le total déclaré est de trois cent mille francs, et ils ont incendié deux fermes. Ils avaient avec eux un certain nombre de prisonniers, parmi lesquels se trouvaient des civils. Trois de ces derniers ont été massacrés sur le territoire de Chouy. Ce sont MM. Liévin et Ménil, de Varreddes, et M. Nodin, de Neuilly-Saint-Front, dont le cadavre n'a été retrouvé que vingt jours après, dans la garenne de la Loge. La mère de Nodin a reconnu le corps de son fils et l'a fait enterrer dans son village.

Après lecture, le témoin a signé avec nous.

Chevalet (Yvonne), âgée de 13 ans, demeurant à Chouy :

Le 10 septembre, étant à la fenêtre de notre maison, j'ai vu les Allemands fusiller un homme que j'ai su plus tard être M. Liévin, de Varreddes. Ils l'ont fait entrer dans le cimetière ; il a mis lui-même son mouchoir devant ses yeux et trois soldats ont tiré sur lui presque à bout portant. Il est tombé aussitôt. Quand il a été par terre, un des Allemands lui a encore tiré un coup de fusil.

Après lecture, le témoin a signé avec nous.

Roussel (Blanche), femme Chevalet, âgée de 37 ans, demeurant à Chouy :

Je jure de dire la vérité.

Le 10 septembre, j'ai vu de chez moi M. Liévin, de Varreddes, qui était prisonnier, tomber exténué sur la route. Trois Allemands, après l'avoir fait relever, l'ont conduit dans le cimetière. En y entrant, il a fait deux tours sur lui-même comme un homme affolé. Comprenant ce qui allait se passer, je me suis éloignée de la fenêtre ; j'ai alors entendu des détonations. Le lendemain, j'ai vu le cadavre de Liévin.

Après lecture, le témoin a signé avec nous.

———

Ducreux (Arthur), âgé de 51 ans, garde champêtre à Chouy :

Je jure de dire la vérité.

Quand les Allemands en retraite sont passés par Chouy, ils ont pillé dans toutes les maisons et incendié deux fermes. Ils avaient avec eux des prisonniers civils et ils en ont massacré trois, dont j'ai vu les cadavres. M. Liévin, de Varreddes, qui a été fusillé dans le cimetière, avait une partie du crâne enlevé et portait deux blessures au côté gauche. M. Ménil, également de Varreddes, a été exécuté au lieu dit la Côte-Saint-Martin. Il avait la tête fracassée. Enfin M. Nodin, de Neuilly-Saint-Front, tué à la garenne de la Loge, portait à la région du cœur une blessure d'arme à feu. Le corps de ce dernier a été retrouvé le 4 octobre. Il était dans un état de décomposition avancé.

Après lecture, le témoin a signé avec nous.

———

M. Coutant (Auguste), âgé de 52 ans, manouvrier, et M. Bailleux, âgé de 42 ans, manouvrier, demeurant tous deux à Chouy, nous déclarent, serment préalablement prêté, qu'ils ont vu l'un et l'autre les cadavres de MM. Ménil et Liévin, et qu'ils ont aidé à les inhumer.

Après lecture, ils ont signé avec nous.

———

N°s 12, 13.

L'an mil neuf cent quinze, le vingt-huit janvier, à Chézy-en-Orxois (Aisne), devant nous..., etc...

Philippe (Manuel-Célestin), âgé de 56 ans, instituteur en retraite à Chézy-en-Orxois :

Je jure de dire la vérité.

Dans la nuit du 9 au 10 septembre, les Allemands qui battaient en retraite sont passés ici avec un certain nombre de prisonniers civils et militaires. Dans la matinée du 10, après leur départ, nous avons trouvé cinq cadavres : trois dans la cour de la boulangerie, un rue Meslaye, et le cinquième sur la route de Brumetz, à environ cent mètres de la ferme des Ecloseaux, qui est le dernier immeuble de Chézy. De ces cinq cadavres de civils, un seul a été identifié : c'est celui de M. Milliardet, de Varreddes, âgé de 75 ans, que deux jeunes gens de sa commune sont venus reconnaître. Il avait le crâne défoncé et portait à la poitrine une blessure paraissant résulter d'un coup de baïonnette. Les deux autres victimes trouvées dans la cour de la boulangerie avaient également été massacrées. L'une d'elles, un cycliste, avait reçu une balle à la tempe; l'autre avait le crâne complètement enlevé. Le cadavre de la rue Meslaye était celui d'un homme d'environ 65 ans. Il portait une blessure d'arme à feu à la poitrine. J'avais vu le matin passer l'homme au milieu des Allemands qui le brutalisaient en le frappant à coups de crosse pour le faire avancer.

On ne sait rien au sujet de la mort de la cinquième victime, dont la tête était broyée.

Le cycliste tué à la boulangerie pouvait avoir 25 ans. Son teint était bronzé comme celui d'un kabyle.

Après lecture, le témoin a signé avec nous.

———————

Le même jour et au même lieu, MM. Lefèvre (Jules), âgé de 50 ans, curé de Chézy-en-Orxois; Sainte (Ernest), âgé de 42 ans, menuisier; Pantoux (Victor), âgé de 53 ans, cultivateur; Sainte (Léon), âgé de 67 ans, fossoyeur; nous ont fait, sous la foi du serment, des déclarations confirmant de tout point la déposition de M. Philippe, relativement à la découverte des cadavres. M. Sainte (Ernest) a vu, comme M. Philippe, les Allemands brutaliser, avant de le tuer, le prisonnier trouvé mort rue Meslaye.

Ils ont signé avec nous, après lecture de la mention ci-dessus et de la déposition précédente.

———————

N° 14.

L'an mil neuf cent quinze, le deux mars, à Varreddes, devant nous..., etc.........

Lebel (Paul), âgé de 63 ans, cultivateur à Varreddes :

Je jure de dire la vérité.

J'ai été arrêté par les Allemands, le 8 septembre, pendant que je portais de l'avoine à mes chevaux que j'avais cachés auparavant dans un bois. Après avoir passé la nuit au bord de la route, j'ai été conduit à Lizy et, en arrivant près de Coulombs, j'ai rejoint une colonne de prisonniers dans laquelle se trouvaient un certain nombre d'habitants de Varreddes, les sieurs Jourdaine, Liévin, Milliardet, Denis, Leriche, Combe, Favre et son petit-fils, Croix, Vapaille, Terré, Ménil, Lacour et Roy. On nous a fait marcher à grands pas, en nous portant des coups de crosse, et ceux qui ne pouvaient pas suivre ont été massacrés. C'est ainsi que Jourdaine, Milliardet, Vapaille, Liévin, Terré ont été fusillés, d'après ce que j'ai appris, et que Ménil a été tué, en ma présence, à coups de crosse. Tous ces malheureux ont été sacrifiés parce qu'étant à bout de forces, ils se trouvaient dans l'impossibilité de nous suivre.

J'avais vu Jourdaine, Milliardet et Liévin tomber sur la route. Croix a disparu dans les environs de Chouy. Nous avons supposé qu'il avait été également exécuté.

En quatre jours, nous n'avons pris que deux repas : l'un à Soissons, qui nous a été apporté par des dames de la Croix-Rouge française, l'autre à Chauny, qui nous a été donné au petit séminaire, par des habitants. C'est dans cette dernière commune que nous avons été embarqués pour l'Allemagne, dans des wagons à bestiaux, à raison d'une quarantaine par voiture. Nous avons dû nous y tenir debout ou accroupis, faute de bancs. A un certain moment, ayant le départ du train, un soldat allemand est monté dans notre wagon et nous a frappés violemment, sans motif, à coups de poing, à coups de pied et à coups de matraque. Le voyage a duré quatre jours pendant lesquels on ne nous a donné qu'une seule fois de la nourriture. C'était le troisième jour. J'ai été interné à Erfurt, d'abord pendant un mois dans la prison civile, puis au camp, dans un baraquement. A la prison, j'ai couché sur un matelas avec deux couvertures et j'ai reçu des vêtements de prisonniers, avec changement de chemise et de chaussettes chaque semaine; au camp, nous étions sur la paille avec une seule couverture.

Le régime de la prison était à peu près le même que celui du camp; il se composait, le matin, d'une imitation de café dans laquelle il y avait un peu de lait; à midi, de pommes de terre, de lentilles ou de choux et le soir, d'une demi-ration de bouillie de farine d'orge ou d'avoine ressemblant à de la colle; enfin, chaque jour, nous recevions une boule de pain noir pour trois prisonniers, ce qui faisait à peu près 250 grammes pour chacun.

Au camp, il n'y avait plus de lait dans le café.

Le 29 novembre, on m'a fait quitter Erfurt pour me transférer au camp de Langensalza. Là, nous étions logés sous la tente et nous couchions sur une paille infecte. La nourriture était très mauvaise. Nous n'avions plus jamais de pommes de terre. Le matin, nous recevions une infusion imitant le café; à midi, des carottes, des betteraves, des choux ou des navets; le soir, de la colle. A Langensalza comme à Erfurt, nous n'avons mangé d'autre viande que des filaments très rares de conserves hachées et mélangées avec nos légumes.

Dans les deux camps, nous étions confondus avec les soldats prisonniers, et ceux-ci étaient soumis au même régime que nous.

Nous étions dévorés par la vermine et il y avait parmi nous beaucoup de malades, dont la plupart souffraient des voies respiratoires. Notre concitoyen Denis est mort, le 24 octobre, à Erfurt. . . . .

En revenant, j'ai passé une semaine au milieu de la vermine, dans les casemates de Rastadt. Là, on nous donnait un peu de viande à midi.

Après lecture, le témoin a signé avec nous.

———

N° 15.

L'an mil neuf cent quinze, le deux mars, à VARREDDES, devant nous, . . . etc . . . .

FAVRE (Désir), 72 ans, propriétaire à Varreddes :

Je jure de dire la vérité.

Dans la soirée du 7 septembre, les Allemands sont venus m'arrêter chez moi, avec mon petit-fils âgé de treize ans, au moment où j'allais me mettre au lit. Après m'avoir fait passer la nuit dans la cour de M. Leriche, ils nous ont emmenés à pied à Chauny. En route, plusieurs de mes compagnons ont disparu, notamment le curé, M. Fossin, qui, si j'en crois ce qui m'a été dit par un chef, a dû être fusillé. En tout cas, avant d'être séparé de nous, il avait été criblé de coups qui avaient mis sa soutane en lambeaux. Il était accusé d'avoir, de son clocher, fait des signaux aux troupes françaises.

A Chauny, nous avons été entassés dans des wagons à bestiaux, où beaucoup d'entre nous ont été brutalement frappés par des soldats qui, sans le moindre motif, portaient aux prisonniers des coups de poing, de bâton ou de manche de couteau. Le même Allemand est monté jusqu'à trois fois dans notre fourgon pour s'y livrer à des actes de violence.

De Chauny, nous avons été transférés à Erfurt. Nous y avons été logés d'abord dans une prison où on nous a donné des paillasses, puis dans des baraquements où nous avons couché sur la paille.

Pendant le voyage de Varreddes à Chauny principalement, nous avons souffert de la faim et plus encore de la soif. De Chauny à Erfurt, nous n'avons reçu qu'une seule fois de la nourriture.

A l'infirmerie d'Erfurt, où j'ai passé quinze jours et où mon petit-fils a été également soigné, nous avons été très humainement traités par un médecin-major.

[Nous, membres de la Commission, constatons que M. Favre nous a fait, en ce qui concerne le régime des prisonniers à Erfurt, des déclarations confirmant celles de M. Lebel, qui a été entendu avant lui.]

Après lecture, le témoin a signé avec nous.

N° 16.

L'an mil neuf cent quinze, le vingt-trois février, à Tours (Savoie), devant nous..., etc..

Lecoin (Marcel), âgé de 16 ans, zingueur à Douai; Baillon (Fernand), âgé de 16 ans, garçon de ferme à Épénancourt (Somme); Chauvin (Fernand), âgé de 15 ans, garçon épicier à Estreux (Nord) :

Nous jurons de dire la vérité.

Nous avons été arrêtés sans motif par les Allemands, Lecoin le 3 octobre, Baillon le 2 octobre, Chauvin le 25 août, et nous avons été envoyés au camp d'Altengrabow, où il y avait un très grand nombre de prisonniers, principalement des Russes, tous des hommes.

Nous étions avec les soldats français, dans des baraquements en planches, assez bien clos, mais extrêmement humides et très mal chauffés. Nous couchions sur des paillasses de copeaux avec deux couvertures. Nous avions pour nourriture : le matin, de l'eau colorée par de l'orge grillée et sans sucre; à midi, de l'orge écrasée, du blé, du maïs pilé, des choux, de la choucroute qui sentait tellement mauvais que, malgré notre faim, nous ne pouvions la manger. Dans ces légumes on trouvait quelques filaments bouillis de viande. Le soir, nous mangions du son délayé dans de l'eau, ou bien de la colle de farine. On nous donnait enfin chaque jour une boule de pain noir pour quatre.

On nous faisait travailler sur les routes ou dans les champs, et celui qui ne mettait pas assez d'ardeur à la besogne était frappé à coups de crosse. Lecoin et Chauvin ont été mis à la disposition d'entrepreneurs; mais ils n'ont reçu aucune rétribution.

Les punitions étaient le cachot et le poteau. Dans notre camp, la mise au poteau n'entraînait pas la privation de nourriture.

Après lecture, les témoins ont signé avec nous, sauf Baillon qui a dit ne savoir écrire.

Nᵒˢ 17, 18, 19, 20.

L'an mil neuf cent quinze, le dix-neuf février, au Cheylas (Isère), devant nous,... etc..

Woimbée (Alfred), âgé de 61 ans, cultivateur à Lavignéville (Meuse) :

Je jure de dire la vérité.

Le 23 septembre, M. Fortin et moi, nous avons été arrêtés chez nous par les Allemands, sous prétexte que nous étions des francs-tireurs. Or, j'ai soixante et un ans, j'avais eu le pied cassé deux mois auparavant; M. Fortin (Raymond) a soixante-cinq ans et est atteint de rhumatismes qui le mettent dans l'impossibilité de marcher sans un bâton. On nous a emmenés avec nos vêtements de travail, sans nous permettre de prendre des habits de rechange et du linge. On nous a alors conduits à Deuxnouds, avec une trentaine de soldats français prisonniers. Nous y avons passé la nuit et, le lendemain, nous sommes partis pour Saint-Maurice. Nous étions attachés deux par deux par un bras. Comme Fortin ne pouvait avancer, il a été attaché avec une corde dont deux cavaliers tenaient les extrémités, et le pauvre homme, malgré son infirmité, était ainsi obligé de suivre le pas des chevaux. Il tombait à chaque instant et on lui portait des coups avec les hampes de lance. Il était en sang et un cheval lui avait posé un pied sur le bas de la jambe. Fortin demandait qu'on le tuât. Avec trois autres prisonniers, j'ai obtenu enfin qu'on nous permît de secourir notre malheureux compatriote, et c'est assis sur une grosse branche de fagot tenue par nous qu'il est arrivé à Saint-Maurice. Là les Allemands nous ont tenus pendant deux heures, debout, la tête au mur et les bras en croix, dans une petite maison. Ils nous insultaient pendant ce temps et maniaient leurs armes derrière nous de façon à nous persuader qu'ils allaient nous fusiller. Enfin ils nous ont laissés nous étendre les uns contre les autres avec trois autres prisonniers qui avaient partagé notre sort, et ils nous ont donné un morceau de pain et de l'eau. Il était sept heures du soir. Depuis la veille à cinq heures, nous n'avions pas mangé.

Nous avons été transférés au camp d'Amberg (Bavière).

Une soixantaine de personnes des villages de la Woëvre y sont mortes.

Nous étions environ mille prisonniers civils des deux sexes au camp. Nous logions dans des baraques en planches, que les Allemands faisaient construire par les prisonniers français.

Au début, nous avons couché sur la paille, puis on a eu des paillasses et deux couvertures par personne. Nous étions suffisamment chauffés.

Le matin, on nous donnait de l'eau jaunie qu'on appelait du café. Le repas de midi était peu mangeable; il se composait d'un bouillon dans lequel était baignée une poignée de riz et d'un morceau de viande qui n'était pas mauvais, mais qui n'était pas plus gros qu'une pièce de cinq francs. Le soir, on avait tantôt de l'eau de riz ou de semoule, tantôt un hareng saur.

Enfin nous recevions une quantité de pain noir qui était, au début, du tiers d'une boule, et ensuite du quart seulement.

Nous avions la liberté de circuler autour de notre baraque. Les jeunes prisonniers étaient occupés à des corvées. Les vieillards comme nous ne travaillaient pas. Sept ou huit cents militaires français étaient enfermés avec nous dans le camp. Nous y sommes restés jusqu'aux derniers jours de janvier.

Après lecture, le témoin a signé avec nous.

Fortin (Raymond), âgé de 65 ans, cultivateur à Lavignéville :

Je jure de dire la vérité.

Je confirme complètement la déclaration de M. Woimbée, que j'ai entendue et dont vous venez encore de me donner lecture.

Elle est bien l'exacte expression de la vérité.

Le témoin a signé avec nous, après lecture.

Le 23 février, à Sainte-Hélène-sur-Isère, Mme Faucher (Alexandrine), femme Colmez, demeurant à Woinville (Meuse), qui a été internée avec ses trois jeunes enfants au camp d'Amberg, et Mme Rice (Claire), femme Wadel, demeurant à Herbeuville (Meuse), qui y a été également retenue, confirment d'une façon absolue les déclarations reçues par nous, le 19 du même mois, au Cheylas (Isère), sur le régime dudit camp, et dont il leur a été donné connaissance préalablement à leur déposition, laquelle a été faite sous la foi du serment.

Elles ont signé avec nous, après lecture.

Les renseignements ci-dessus ont été confirmés sous la foi du serment par Mmes Leloup (Alicia), veuve Nicolas, âgée de 42 ans, de Pareid (Meuse), et Orbion (Juliette), femme Ambroise, âgée de 23 ans, de Saint-Hilaire (Meuse), qui ont été internées, du 20 octobre au 30 janvier, au camp d'Amberg. Elles ont déclaré que la mortalité y était effrayante : une vingtaine de jeunes enfants sont morts faute de médicaments. Une soixantaine de personnes de la Woëvre sont décédées.

Après lecture, les témoins ont signé avec nous.

N° 21.

L'an mil neuf cent quinze, le vingt avril, à l'hôpital Boucicaut, à Paris, devant nous,.... etc. . . . .

Laurent (Angéline), femme Louyot, âgée de 35 ans, domiciliée à Gouraincourt (Meuse) :

Je jure de dire la vérité.

Le 22 septembre, dans la matinée, à Combres (Meuse), où je me trouvais chez ma mère, les Allemands ont rassemblé toute la population dans le milieu du village et se sont livrés à un pillage général, chargeant leur butin sur des voitures qui partaient dans la direction de Metz. A midi, on nous emmena sur une côte, au lieu dit le Fer à cheval, et là, on nous exposa au feu des Français, tandis que les ennemis faisaient des tranchées auxquelles ils contraignaient les jeunes gens de la commune à travailler avec eux. Un vieillard nommé Finot, âgé de quatre-vingts ans, qui ne pouvait pas marcher, a été si violemment battu qu'il est mort quelques jours après.

Le soir, nous avons été reconduits à Combres, et un certain nombre d'habitants ont été autorisés à se rendre chez eux pour y prendre ce dont ils avaient besoin. Ils n'y ont d'ailleurs pas trouvé grand'chose. Ordre a été donné à tout le monde de se rendre à l'église à huit heures. Nous y avons passé la nuit et, à cinq heures du matin, on nous a de nouveau fait monter sur la côte. Au commencement de la soirée, nous avons encore été enfermés dans l'église et on nous y a laissés jusqu'au 27. Ce jour-là, un capitaine nous a prévenus que nous allions partir pour être mis à l'abri d'une canonnade qu'on attendait. Effectivement, on nous emmena à Herbeuville. Là, on sépara les hommes des femmes.

Pendant tout ce temps, nous n'avons eu à manger que quelques fruits crus.

Ramenées à Combres, les femmes ont été, avec leurs enfants, retenues prisonnières dans l'église pendant trois semaines; une dizaine de personnes y sont mortes. La cholérine y ré gnait, et nous n'étions autorisées à porter les excréments qu'à proximité de la porte, dans le cimetière.

Le 19 octobre, j'ai été transférée, à pied, à Conflans et, de là, en chemin de fer, au camp d'Amberg. Je suis restée dans ce camp jusqu'au 30 janvier, mal nourrie, couchant sur une paillasse dont la garniture n'a jamais été changée. J'y ai vu mourir bien du monde, notamment des enfants. Cinq personnes y sont décédées dans la même nuit.

Au moment de mon arrestation, j'étais enceinte. Je suis accouchée ici le 10 de ce mois.

Après lecture, le témoin a signé avec nous.

N° 22.

L'an mil neuf cent quinze, le vingt-trois février, à LA BATHIE (Savoie), devant nous, . . . etc.

MULOT (Léon), âgé de 15 ans, demeurant à Lahayville (Meuse):

Je jure de dire la vérité.

J'ai été arrêté chez ma mère par les Allemands et enlevé du village avec le maire, l'adjoint et le garde champêtre. Il a été formé un convoi de cent trente prisonniers civils avec nous et des habitants de communes autres que la nôtre. Nous avons été conduits à pied à Chambly, où nous avons été embarqués dans des wagons de voyageurs. Après un trajet de cinquante-deux heures, nous sommes arrivés à Bayreuth. Pendant le voyage, des dames de la Croix-Rouge nous ont donné trois fois à manger.

Pendant les quinze premiers jours, nous avons été tous logés dans une écurie et nous y avons couché sur de la paille. Ensuite on nous a conduits dans une salle de gymnastique où nous sommes restés jusqu'à la fin de notre séjour à Bayreuth. Nous avions une paillasse, un traversin et deux couvertures. Le chauffage était effectué au moyen de deux fourneaux, avec houille à volonté. C'était très propre. On ne se portait pas mal et, chaque semaine, on passait devant le major.

Le matin, nous avions du café au lait sucré; à midi, du bouillon, avec du lard, du mouton ou du bœuf, du vermicelle, du macaroni, des pommes de terre, des choux-navets ou du riz; le soir, de la saucisse et du fromage; le vendredi soir, on nous donnait une soupe au lait. On pouvait écrire. Quelques-uns d'entre nous ont reçu de l'argent et des paquets. On n'était pas maltraités et le général venait tous les jours. A Noël, il y a eu un arbre. On nous a distribué des petits paquets contenant des bonbons, etc. Des jeunes filles de la ville sont venues chanter avec un accordéon.

On nous faisait travailler. Notre ouvrage consistait à marquer des couvertures, des musettes, des capotes et d'autres effets d'équipement militaire.

Quand nous sommes partis, le général nous a fait remettre à chacun une bouteille de bière.

Après lecture, le témoin a signé avec nous.

N°s 23, 24.

L'an mil neuf cent quinze, le vingt-trois février, à Sainte-Hélène-sur-Isère (Savoie), devant nous,... etc. . . . .

Dru (Louis), âgé de 47 ans, cultivateur à Clamecy (Aisne):

Je jure de dire la vérité.

Le 26 septembre, dix-septième jour de l'occupation de Clamecy, j'ai été arrêté chez moi par les Allemands qui ne m'ont pas fait connaître le motif de mon arrestation et ne m'ont pas laissé le temps de prendre la moindre des choses. Ils m'ont emmené à Cassel, où l'on commençait à organiser un camp de concentration. Nous étions huit de ma commune. On nous a fait voyager dans des wagons à bestiaux et, pendant le trajet qui a duré quatre jours et demi, on ne nous a donné que quelques morceaux de pain et une fois du thé. Je suis resté quatre mois et demi au camp de Cassel. Pendant les deux premiers mois, nous avons été logés sous la tente et avons couché sur la paille avec une couverture; tous les matins, nous nous réveillions trempés. Ensuite on nous a placés dans des baraquements en planches, couverts avec du papier goudronné. Là, nous avions chacun une paillasse et une couverture.

La nourriture était infecte. Le matin, nous avions de la décoction d'orge grillée ou de café; à midi, du riz, des carottes ou des rutabagas, mélangés à un peu de viande hachée et réduite à presque rien; le soir, de la soupe très claire, dans laquelle se trouvait un peu de farine délayée, quelquefois un petit morceau de fromage. Le jour de l'an, on nous a donné des choux pourris. Après les avoir absorbés, tous les prisonniers ont été souffrants comme moi-même. Nous nous sommes rendus à l'infirmerie, mais nous en avons été repoussés. Il fallait d'ailleurs être mourant pour qu'on y fût admis; et quand on n'était pas reconnu malade à la visite médicale, on était privé de nourriture pendant deux jours.

Nous recevions pour quatre une boule de pain noir, épais et collant comme du mastic; on ne pouvait le manger qu'après l'avoir fait griller.

Il y avait au camp de Cassel de deux à trois mille prisonniers civils et un grand nombre de militaires russes ainsi que des soldats français, belges et anglais. La mortalité était considérable, surtout pendant la période des tentes. Tout le monde toussait.

Après lecture, le témoin a signé avec nous et MM. Pecqueur (Alfred), âgé de 46 ans, chauffeur de brasserie à Douai, et Guidez (Camille), âgé de 18 ans, carrossier à Bapaume, qui, après avoir prêté serment, nous ont fait des déclarations confirmant absolument sa déposition, relativement au régime du camp et au traitement infligé aux prisonniers.

Les trois témoins ajoutent que, pendant leur séjour au camp, ils ont été astreints à exécuter des travaux de terrassement, et que les prisonniers qui refusaient de travailler ou travaillaient mal étaient frappés à coups de crosse, ou mis au poteau, peine qui comportait la privation de nourriture.

Les Russes et les Anglais, disent-ils, étaient particulièrement maltraités.

Ils ont signé après lecture.

———————

Le 23 février, à La Bathie (Savoie), nous avons entendu Goret (Gaston), âgé de 22 ans, manouvrier à Nesle (Somme). Après avoir juré de dire la vérité, il nous a fait des déclarations absolument concordantes avec celles que nous avons reçues le même jour à Sainte-Hélène-sur-Isère, relativement à la vie des prisonniers au camp Niederzwehren (Cassel).

Il ajoute qu'il a été arrêté au moment où il venait d'arracher des pommes de terre, sur l'ordre des Allemands qui avaient réquisitionné les habitants de sa commune pour battre l'avoine et enlever les récoltes. On l'a fait voyager pendant trois jours dans un wagon à bestiaux sans lui donner la moindre nourriture. Il n'a reçu des aliments qu'en arrivant à Liége.

Après lecture, le témoin a signé avec nous.

[Goret, après avoir signé, nous a fait connaître qu'il avait été rapatrié après avoir subi une visite médicale qui a établi son inaptitude au service militaire.]

N° 25.

L'an mil neuf cent quinze, le vingt-quatre février, à UGINES (Savoie), devant nous, . . . etc.

DARDOY (Théophile), âgé de 19 ans, de Suzy (Aisne), et LEROY (Fernand), âgé de 18 ans, de Nampcel (Oise) :

Nous jurons de dire la vérité.

Nous avons été pris par les Allemands dans nos communes respectives, Dardoy dans le courant du mois d'août, Leroy le 24 septembre, et transférés au camp de Chemnitz, où nous sommes restés pendant trois mois. Nous avons ensuite été internés pendant deux mois au camp de Zossen et nous avons été rapatriés, en passant par Rastadt, où nous avons été retenus pendant huit jours. A Chemnitz, nous étions logés dans une écurie d'une caserne de cavalerie, et nous couchions sur de la paille qui n'a jamais été renouvelée. La nourriture était insuffisante et détestable. Le matin, nous recevions une eau légèrement teintée d'orge grillée et sans sucre; à midi, de l'orge cuite, du son ou du riz, avec quelquefois, mais rarement, un peu de viande écrasée dedans; le soir, le même breuvage que le matin, parfois un petit morceau de boudin cru ; le vendredi, du hareng salé pourri.

A Zossen, le régime était absolument le même, et on y couchait sur la paille comme à Chemnitz; seulement, au lieu d'être logés dans une écurie, on l'était dans un baraquement en planches de sapin.

Nous étions sévèrement punis pour les plus légères fautes. A Zossen, Dardoy a été attaché pendant deux heures au poteau, avec suppression du repas de midi, pour être monté sur la planche des cabinets qui était sale. On ne nous donnait aucun vêtement. Nous n'avions que la chemise avec laquelle nous étions partis. Nous la lavions quand elle était trop malpropre, et nous attendions pour la remettre qu'elle fût séchée. Pendant tout le temps de notre captivité, nous avons dû coucher tout habillés. Nous avions une couverture chacun. On était un peu chauffé. Il régnait dans les deux camps beaucoup de bronchites et de pneumonies. Leroy a contracté à Chemnitz une maladie de l'oreille et du cou qui le fait beaucoup souffrir. Le médecin passait tous les jours, mais il ne donnait pas de médicament.

Après lecture, Leroy a signé avec nous; Dardoy a déclaré ne savoir signer.

Nᵒˢ 26, 27, 28.

L'an mil neuf cent quinze, le vingt-deux février, à Montailleur (Savoie), devant nous,... etc...

Damain (Constant), âgé de 17 ans, de Moulotte (Meuse) :

Je jure de dire la vérité.

Le 24 septembre, j'ai été arrêté chez nous, avec mon père, et nous avons été transférés, ainsi que quatre personnes de mon village, au camp de Darmstadt. Nous y avons été logés dans des baraquements en planches recouverts de papier goudronné, avec chacun une paillasse et une couverture. Le matin, nous avions de l'orge grillée ; à midi, une soupe aux légumes, avec quelques débris de viande dedans ; le soir, « de la colle » et quelquefois du café, avec un morceau de fromage ou de saucisson. Nous recevions enfin une boule de pain pour trois jours.

Il y avait au camp un caporal très méchant ; je l'ai vu porter à un prisonnier militaire français un coup de baïonnette à la poitrine parce que celui-ci lui avait dit que, quand on n'a pas à manger, on ne doit pas travailler. Ce prisonnier, transporté à l'hôpital, est mort au bout de deux jours. Ce même caporal, en ma présence, a blessé d'un coup de sabre à la tête un soldat français qui ne l'avait pas salué.

....
.....

Après lecture, le témoin a signé avec nous.

Le même jour, étant à Frontenex (Savoie), nous avons entendu : Guillaume (Jules), âgé de 16 ans, de Bréhéville (Meuse) ; Yzebaert (Gustave), âgé de 20 ans, de Roubaix (Nord) ; Messiaen (Charles), âgé de 17 ans, d'Hénin-Liétard (Pas-de-Calais).

Ils ont juré de dire la vérité et ont confirmé les renseignements qui nous ont été fournis aujourd'hui, à Montailleur, par Damain (Constant), sur le camp de Darmstadt, où ils ont été internés. Ils nous ont signalé qu'un soldat français avait été tué d'un coup de baïonnette, parce qu'il ne voulait pas travailler, n'étant pas suffisamment nourri.

Yzebaert est atteint d'une bronchite qu'il a contractée pendant sa captivité. Il est affligé d'une toux continuelle qui l'empêche de dormir.

Le même témoin et Messiaen disent n'avoir reçu pour toute nourriture qu'une seule gamelle de riz mélangé à de la viande, pendant leur transfèrement qui a duré cinquante-neuf heures.

Ils ont signé avec nous, après lecture.

Le 23 février, à Grignon (Savoie), nous avons entendu : Lepers (Gabriel), âgé de 16 ans, d'Haubourdin (Nord) ; Rémond (René), âgé de 15 ans, de Pareid (Meuse), qui, après avoir juré de dire la vérité, ont confirmé les renseignements précédemment recueillis par nous sur le régime du camp de Darmstadt. Ils savent qu'un soldat français y a été tué d'un coup de baïonnette ; mais ils n'ont pas assisté à ce meurtre.

Après lecture, ils ont signé avec nous.

N° 29.

L'an mil neuf cent quinze, le vingt février, à BRESSON (Isère), devant nous,... etc......

KRONENBITTER (Élisabeth), femme DELHAY, 24 ans, domiciliée à Schenern, près Thionville :

Je jure de dire la vérité.

Avant la guerre, je demeurais à Schenern, avec mon mari qui est citoyen français. Quand il a été mobilisé, je suis allée chez mes parents à Strasbourg. Le 24 décembre, j'ai été prévenue que je serais envoyée à l'intérieur de l'Allemagne et, le 28, j'ai été expédiée au camp de Donaueschingen (Grand-Duché de Bade) avec mes trois enfants, dont l'aîné va avoir 4 ans. Comme je faisais observer aux Allemands que j'étais enceinte, ils m'ont répondu que, tant qu'on est sur ses pieds, on peut marcher.

Au camp, nous avons été seuls, mes enfants et moi, dans la même baraque. Il y avait beaucoup de Belges et de Russes ; mais il n'y avait que deux Français. Tous ces prisonniers étaient des civils.

La nourriture pouvait se manger, sauf quand c'était de la choucroute. Nous recevions, le matin et le soir, une sorte de café sans sucre ; à midi, des pois, des pommes de terre, du macaroni et quelquefois un peu de viande. J'avais heureusement quelque argent et j'ai pu nourrir mes enfants. Nous avons été malades tous quatre et vous constatez que mes enfants toussent beaucoup. Le médecin, un tout jeune homme, passait pour la forme et ne prescrivait aucun remède.

Un jour, les Allemands ont dit qu'ils nous donneraient à tous des vêtements et du linge et ont demandé à chacun ce qu'il lui fallait ; mais personne n'a rien reçu. Il paraît qu'on avait envoyé de France de l'argent pour soulager les prisonniers.

Comme couchage, j'avais deux paillasses pour nous quatre et quatre couvertures. Il y avait un drap sur chaque paillasse.

Quand j'ai été emmenée, un commandant m'a dit : « Vous ne voudriez pas rester ici, pendant que votre mari se bat contre nous ». A Strasbourg, je faisais des ménages pour gagner ma vie, mais les Allemands m'ont interdit de continuer.

Après lecture, le témoin a signé avec nous.

Nᵒˢ 30, 31, 32, 33, 34, 35.

L'an mil neuf cent quinze, le dix-huit février, à POISAT (Isère), devant nous,... etc......

GARZAUDAT (Berthe), femme ROUSSEL, domiciliée à Lacroix-sur-Meuse, âgée de 37 ans :

Je jure de dire la vérité.

Le 21 septembre, avec ma belle-sœur et mes deux enfants, je me suis réfugiée à Saint-Mihiel. Les Allemands sont arrivés dans cette ville, le 23 en patrouilles et, le 24, en masse. Ils se sont livrés à un pillage général, sous les yeux des chefs qui se contentaient de dire quand on se plaignait : « Que voulez-vous, c'est la guerre ». Le 11 janvier, il nous ont donné, à moi et à tous les évacués, l'ordre de nous rendre à l'hôpital. Jusqu'à ce moment, d'ailleurs, ils nous avaient empêchés de sortir de la ville. A minuit, ils nous ont emmenés sur des chariots étroits du fond et dans lesquels il n'était pas possible de s'asseoir. J'ai été transférée près de Landau (Bavière Rhénane), dans un camp dont je ne me rappelle pas le nom.

Je n'ai pas été maltraitée. Nous étions dans des baraquements en planches, avec une paillasse, un oreiller en paille, deux couvertures par grande personne et une couverture par enfant. Nous étions environ deux cent cinquante dans notre baraque qui était garnie d'un poêle à chaque extrémité.

Le matin, nous recevions du café noir à peu près buvable ; à midi, de la soupe avec portion de viande qui avait servi à la faire, bœuf ou porc ; le soir, du boudin ou du fromage et du café. Les enfants au-dessous de 4 ans avaient du lait.

Le pain était mauvais ; on nous en donnait une boule pour quatre personnes.

Je suis restée huit jours dans le camp.

Le voyage avait été rude. On nous a conduits jusqu'à Vigneulles dans les voitures dont je vous ai parlé, et, de là, on nous a emmenés dans des wagons à bestiaux.

Voici une note rédigée par une de mes compagnes de captivité. Le nom du camp dans lequel j'étais s'y trouve mentionné.

[Nous, membres de la Commission, lisons sur cette note la mention suivante : « Kriegs-gefangenenlager Edenberg, Landau ».]

Après lecture, le témoin a signé avec nous.

Le même jour, à EYBENS (Isère), nous avons entendu la demoiselle ROSPER (Mélanie), âgée de 84 ans (née le 23 juin 1830), demeurant à Lacroix-sur-Meuse.

Elle a juré de dire la vérité et nous a fait une déclaration confirmant en tout point celle de la dame Berthe Roussel, entendue à Poisat, et avec qui elle a été prisonnière.

Elle a signé, après lecture de ladite déposition et de la mention ci-dessus.

Le même jour, à VIZILLE (Isère), M. CHRISTOPHE (Achille), 57 ans, vigneron, et la dame THIRIOT (Marie), femme CHRISTOPHE, 49 ans, demeurant tous deux à Hattonville (Meuse), nous ont déclaré :

Nous jurons de dire la vérité.

Nous étant réfugiés à Saint-Mihiel, nous avons été emmenés avec nos trois enfants au camp situé près de Landau. Nous y avons été transférés en même temps que les habitants de Lacroix-sur-Meuse dont vous venez de nous lire les dépositions. Nous confirmons absolument ces dépositions.

Après lecture, les témoins ont signé avec nous.

Ledit jour, au même lieu, nous avons entendu la dame GRANDBARBE (Marie), femme LALLE-MAND, âgée de 33 ans, demeurant à Arnaville (Meurthe-et-Moselle).

Elle a déclaré, après avoir juré de dire la vérité :

J'ai été emmenée d'Arnaville avec mes sept enfants et onze autres personnes par les Allemands, qui nous ont conduits dans un camp près de Landau. J'étais accouchée seulement depuis trois semaines.

Je confirme la déposition de Mᵐᵉ Roussel, de Lacroix-sur-Meuse, déposition dont vous venez de me donner lecture.

Après lecture, le témoin a signé avec nous.

Le 19 février, à Chapareillan (Isère), nous avons entendu M. Mougin (Michel) et Mᵐᵉ Mougin, née Maréchal, domiciliés ensemble à Vandelainville (Meurthe-et-Moselle) ; M. Benoît (Henry), domicilié à Maidières (Meurthe-et-Moselle) ; Mᵐᵉ Lelon (Marie-Josèphe) ; veuve Petitcolin, de Dompierre-aux-Bois (Meuse) ; M. Henry (Charles), maître brodeur, et Mˡˡᵉ Vary (Marie), tous deux de Creüe (Meuse), qui ont été internés pendant quelques jours au camp de Landau, et qui nous ont fait des déclarations entièrement conformes à celles des dépositions relatées dans nos procès-verbaux rédigés hier à Poisat et à Vizille, en ce qui concerne le traitement des prisonniers audit camp.

Le 20 février, à La Buisse (Isère), nous avons entendu Mˡˡᵉ Kodische (Marie-Madeleine), âgée de 18 ans, domiciliée à Bionville (Meurthe-et-Moselle), qui a été internée avec sa famille à Landau. Elle confirme tous les renseignements qui précèdent et ajoute qu'aucun prisonnier ne recevait de lettre.

Après lecture, elle a signé avec nous.

Nᵒˢ 36, 37, 38.

L'an mil neuf cent quinze, le vingt février, à Coublevie (Isère), devant nous, . . . etc . . .

Boucher (Pauline), femme Thirion, âgée de 50 ans, domiciliée à Béney (Meuse) :

Je jure de dire la vérité.

Au camp de Landau, où j'ai été internée pendant une dizaine de jours, j'ai été témoin du fait suivant :

Ma compatriote, Mélanie Canton, veuve Minaux, est décédée trois jours avant notre départ, c'est-à-dire vers le 20 janvier. Elle avait des titres d'une valeur de sept ou huit mille francs et neuf cents francs en numéraire. Quatre ou cinq jours avant sa mort, elle a remis son argent et ses valeurs à son neveu, Charles Canton, de Dampvitoux. Les Allemands, ayant appris ce fait, ont interrogé Canton sur le point de savoir s'il était le seul héritier de sa tante. Il a répondu qu'il avait un cohéritier, et immédiatement on lui a enlevé les valeurs de la défunte. Une heure après, les Allemands lui ont pris également l'argent et lui ont dit qu'ils agissaient ainsi pour éviter d'être accusés par les Français d'avoir volé l'héritage.

Mᵐᵉ Canton avait été emmenée en même temps que moi. Elle avait 87 ans. Comme elle était affolée, elle n'avait pas pensé à prendre des chaussures et elle a dû faire le voyage n'ayant aux pieds que ses bas.

Voici, selon nous, ce qui a causé sa mort. Les Allemands, au camp de Landau, l'ont dépouillée un jour de ses vêtements et l'ont inondée de pétrole, parce qu'elle avait de la vermine. A la suite de cette opération, elle est tombée malade et ne s'est pas rétablie.

Après lecture, le témoin a signé avec nous.

OBLET (Clémence), femme SCHÖSCK, âgée de 26 ans, domiciliée à Verneville (Lorraine annexée) :

Je jure de dire la vérité.

J'ai rencontré à Annemasse, vers le 14 janvier, Mme Gauthier, de Saint-Ail (Meurthe-et-Moselle), que je connaissais, mon mari étant du même pays qu'elle, et qui revenait du camp de Landau. Elle m'a raconté qu'après l'avoir arrêtée, les Allemands, lui ayant demandé de déclarer ce qu'elle avait d'argent sur elle, lui ont pris mille francs, ne lui laissant que deux cents francs, somme suffisante, lui avaient-ils dit, pour passer le temps de la guerre. Mme veuve Watrin, ici présente, assistait à cette conversation.

Le témoin a signé avec nous, et avec Mme WATRIN (Émélie), née MARION, âgée de 54 ans, domiciliée à Verneville, qui a déclaré confirmer la déposition ci-dessus.

Nous constatons que les trois témoins dont les dépositions sont consignées au présent procès-verbal, et les dames BOUCHER (Adeline), femme PAJARD; BRICNET (Marguerite), femme CARÊME, toutes deux de Béney (Meuse); SIMONET (Irma), femme ARNOULD, de Loupmont (Meuse); ARNOULD (Louise), femme JAMIN, d'Essey (Meurthe-et-Moselle), nous ont fait, relativement au traitement subi par les prisonniers au camp d'Edenberg (Landau), des déclarations confirmant celles que nous avons précédemment reçues.

N° 39.

L'an mil neuf cent quinze, le vingt-deux février, à FRONTENEX (Savoie), devant nous, ...
etc. ....

PIERSON (Justin), âgé de 66 ans, vigneron; ROUYER (Marie), femme PIERSON, âgée de 58 ans, et sept personnes de leur famille, demeurant tous à Varnéville (Meuse); CHRISTOPHE (Joséphine), femme LAJOUX, âgée de 29 ans; CHRISTOPHE (Julienne), âgée de 18 ans; CHRISTOPHE (Jules), âgé de 15 ans, d'Ornes (Meuse); COUCHOT (Marie), femme COURTIER, âgée de 33 ans, d'Hannonville-sous-les-Côtes (Meuse); RICHARD (Augustine), femme BROQUET, âgée de 57 ans, d'Essey-et-Maizerais (Meurthe-et-Moselle); BOUTON (Emma), femme JAMIN, âgée de 45 ans, de la même commune; TOUSSAINT (Anne-Marguerite), veuve BONIFACE, âgée de 62 ans, de Boinville (Meuse), et Jeanne BONIFACE, âgée de 28 ans, fille de la précédente; COLLIN (Léontine), âgée de 52 ans, de Boinville (Meuse).

Elles nous ont fait sur le régime du camp de Landau, où elles ont été internées, ainsi que sur ce qui s'est passé à Saint-Mihiel, des déclarations entièrement conformes à celles que nous avons reçues, le 18 de ce mois, à Poisat (Isère).

Nᵒˢ 40, 41.

L'an mil neuf cent quinze, le vingt-deux février, à FRONTENEX (Savoie), devant nous,... etc...

ARENSBERG (Charles), âgé de 17 ans, et DHERSE (Émile), âgé de 17 ans, tous deux de Sinceny (Aisne) :

Nous jurons de dire la vérité.

Nous avons été arrêtés avec les autres hommes de la commune, cent quatre-vingt-neuf en tout, jeunes gens et hommes faits. Après nous avoir fait coucher à Chauny, dans l'église Saint-Martin, on nous a conduits à La Fère et, à dix heures du soir, on nous a mis en chemin de fer pour nous transférer à Erfurt. Le voyage a duré quatre-vingt-quatre heures, pendant lesquelles on ne nous a donné qu'un seul morceau de pain noir pouvant peser cent grammes. En passant en Belgique, quelques-uns d'entre nous ont reçu un peu d'aliments que des dames leur ont remis; mais le plus souvent, ces vivres ont été pris et mangés par nos gardiens.

A Erfurt, nous avons d'abord été logés, du 23 septembre jusqu'au 1ᵉʳ novembre, sous la tente. Ensuite nous avons été placés dans des baraquements en planches qui venaient d'être terminés. Il y avait, par baraque, mille prisonniers civils et militaires mélangés. Sous la tente, nous couchions sur la paille; mais dans les baraquements nous avons eu des paillasses et des traversins remplis de paille. On nous a aussi donné des couvertures : deux à ceux qui n'avaient pas de pèlerine, une à ceux qui avaient une pèlerine. Il y avait dans les bâtiments le chauffage central et la lumière électrique; mais le chauffage ne fonctionnait pas toujours.

La nourriture était mauvaise. Elle se composait, le matin, d'une tisane d'orge grillée, sans sucre; à midi, d'une pâtée de riz, d'orge ou de macaroni cuits à l'eau, avec un peu de filaments de viande dedans; le soir, d'un bouillon Kub, c'est-à-dire de farine délayée dans de l'eau.

Pendant ces deux premiers mois, on nous a donné une boule de pain noir pour trois; et plus tard la même ration de pain blanc; mais à la fin, le pain est redevenu noir; il contenait du son et de la pomme de terre.

Nous avons pu recevoir des lettres.

Après lecture, les témoins ont signé avec nous.

Le même jour, au même lieu, nous avons entendu DENIS (Eugène), âgé de 19 ans, domicilié à La Fère (Aisne).

Il a juré de dire la vérité.

Après avoir confirmé les renseignements ci-dessus, relativement au régime du camp d'Erfurt, où il a été interné avec environ trois mille prisonniers civils français et dix mille prisonniers militaires, dont sept mille russes, il a ajouté :

En ma présence, un soldat français, étant allé chercher un jour sa gamelle à la cuisine, a été bousculé par des camarades et a involontairement cassé un carreau. Une sentinelle allemande lui a aussitôt porté un coup de baïonnette et il en est mort le lendemain. Ce fait s'est passé quand nous étions encore sous les tentes.

Après lecture, le témoin a dit ne savoir signer.

N° 42.

L'an mil neuf cent quinze, le vingt-quatre février, à UGINES (Savoie), devant nous,.... etc.

SURELLE (Dominique), âgé de 17 ans, de Hendecourt (Pas-de-Calais) :

Je jure de dire la vérité.

J'ai été pris par les Allemands, le 5 novembre, dans un village où je travaillais. Ils avaient ordonné aux hommes de 16 à 50 ans de se rendre à la mairie. Pendant huit jours, moi et mes compagnons avons été enfermés dans l'église Saint-Pierre de Douai, où nous avons couché sur les dalles et où des dames nous ont nourris. Nous avons été ensuite transférés au camp de Gardelegen (Saxe prussienne). Là, nous avons été logés dans des baraquements en planches de sapin mal jointes, couverts de carton goudronné. Nous avions chacun une couverture et une paillasse de copeaux qui n'a pas tardé à devenir très dure. On nous donnait, le matin, une décoction d'orge grillée sans sucre ; à midi, du riz, de la betterave ou du son dans lesquels il y avait un peu de viande hachée qui sentait mauvais, quelquefois de la morue ; le soir, de l'orge ou du riz.

Celui qui fumait était attaché au poteau. Pendant mon séjour au camp, j'ai été criblé de clous, mais je n'ai reçu aucun soin.

Nous étions mélangés aux prisonniers militaires. Ceux-ci avaient le même régime que nous. On ne nous faisait pas travailler. Chaque jour, nous faisions l'exercice pendant une heure. Nous étions pleins de vermine. Il n'y avait pas de femmes dans le camp.

Après lecture, le témoin a signé avec nous.

Nᵒˢ 43, 44, 45.

L'an mil neuf cent quinze, le dix-neuf février, à LUMBIN (Isère), devant nous,.... etc...

HOGARD (Denise), veuve DUBREUIL, âgée de 29 ans ; NICOLAS (Maria), femme PIEFFER, âgée de 26 ans ; MITHAUT (Marie), âgée de 37 ans, toutes domiciliées à Jarny, près Conflans (Meurthe-et-Moselle) :

Nous jurons de dire la vérité.

Les Allemands ont emmené à plusieurs reprises des personnes de Jarny, hommes et femmes de tout âge, ainsi que de jeunes enfants. Nous avons fait partie d'un convoi de onze prisonniers. On nous a d'abord internées pendant près de deux mois au camp de Giessen, dans des baraquements en planches, à partir de la fin d'octobre. Ces baraquements étaient mal chauffés et très humides. Nous y étions couchées sur des paillasses garnies de copeaux et nous avions deux couvertures chacune. Le matin, on nous donnait une décoction d'orge grillée, sans sucre ; à midi, une soupe faite avec quelques feuilles de chou, ou avec de la betterave, de l'orge, du blé ou de l'avoine. On nous a donné aussi plusieurs fois une soupe de marrons dont l'écorce n'avait pas été enlevée. Le soir, nous avions une sorte de potage fait avec l'eau qui avait servi à cuire le macaroni dont nos gardiens étaient nourris. Nous ne recevions jamais de viande ; mais le pain, dont on nous donnait une boule pour trois, était mangeable.

Nous avons ensuite été transférées à Holzminden, où nous avons été encore plus mal, car le pain y était détestable.

A Holzminden, il y avait beaucoup de maladies et beaucoup de morts, surtout parmi les vieux. On voyait des hommes tomber d'épuisement.

[Les témoins, continuant leurs dépositions, confirment les déclarations qui nous ont été faites jusqu'à présent, dans les autres localités, relativement au traitement des prisonniers au camp de Holzminden, et à la forteresse de Rastadt.]

Ils ajoutent : En Suisse, où l'on nous a fait un accueil touchant, on nous a donné des bains, et nous avons reçu des vivres ainsi que des vêtements.

Après lecture, les témoins ont signé avec nous.

———

Le même jour, au même lieu, nous avons entendu Mlle MATH (Jeanne), âgée de 23 ans, domiciliée à Labry, près Conflans (Meurthe-et-Moselle) :

Je jure de dire la vérité.

J'ai été emmenée par les Allemands, le 17 décembre, avec le banquier de Conflans, M. Jacquemin, sa femme et ses deux filles, et avec deux ouvriers italiens.

J'ai été conduite à Rastadt où j'ai passé huit jours et, de là, à Holzminden.

Je confirme les déclarations qui viennent de vous être faites relativement au traitement des prisonniers dans le camp de Holzminden. En retournant en France, j'ai séjourné de nouveau à Rastadt, où nous avons trouvé une vermine infecte.

Après lecture, le témoin a signé avec nous.

———

Le vingt février, à SAINT-ÉGRÈVE (Isère), nous avons entendu Mme RETAILLET (Augustine), femme RAVENEL, âgée de 41 ans, domiciliée à Verry (Meuse).

Elle a déclaré :

Je jure de dire la vérité.

Je suis partie de Verry le 27 novembre. Mon mari avait déjà été emmené, le 27 septembre, avec les autres hommes du village, dont un de quatre-vingts ans ; et peu après, dix-sept femmes l'avaient été également. Le 28, un officier, un gendarme et un commandant allemands sont venus chez moi me demander où était mon mari et, le lendemain, le commandant est revenu pour me dire que je quitterais le pays dans une demi-heure. J'ai fait observer que je m'étais toujours efforcée de rendre service aux soldats dont je lavais même le linge. Le commandant m'a répondu : « On n'a rien à vous reprocher, mais il faut partir. » J'ai pensé et je pense encore que cette mesure a été prise pour que les envahisseurs se sentissent plus maîtres chez nous.

J'ai été conduite d'abord au camp de Giessen et j'y suis restée pendant un mois.

A Giessen, nous étions vingt femmes, logées dans une baraque chauffée d'une manière irrégulière et en tout cas très humide. Nous couchions sur des paillasses garnies de fibres de bois et nous avions chacune deux couvertures.

La nourriture était très mauvaise et insuffisante. Le matin, on nous donnait une sorte de tisane d'orge sans sucre. Jamais nous n'avions de sucre et on ne nous permettait même pas d'en acheter. A midi, nous mangions une soupe d'orge, de betteraves, avec rarement des pommes de terre ; on nous servait aussi des marrons pilés dans l'eau avec toute l'écorce. Le soir, nous devions nous contenter de l'eau dans laquelle les soldats allemands avaient fait cuire leur macaroni. Trois fois à peine en un mois, nous avons eu de la viande.

Un jour, j'ai demandé au commandant du camp la permission d'acheter un peu de sucre pour un de mes trois enfants qui était malade. Il a répondu : « Un peu de sucre, cela se peut. » J'ai dit aussi que je voudrais bien pouvoir acheter du chocolat pour le pauvre petit. Le commandant a refusé en disant : « Le chocolat, non ; ça, c'est de l'extra. »

Il y avait au camp beaucoup de prisonniers civils et militaires, mais nous ne les voyions pas. Aucune de nous n'a reçu de lettre.

Au bout d'un mois, j'ai été transférée à Holzminden. Là au moins, il y avait une cantine, et l'on pouvait acheter quelques vivres.

[Le témoin confirme d'ailleurs les renseignements recueillis déjà par nous, sur le régime de Holzminden, en ajoutant qu'il a vu les hommes mourant de faim dévorer des têtes de hareng et des marcs de café.]

Mme RETAILLET, après lecture, a signé avec nous et avec les dames MARTIN (Hortense), femme POUPLIER, de Marcq (Ardennes), et LAURENT (MARIE), femme GEOFFROY, demeurant à la maison forestière du Père-Hilarion, au Bois le Prêtre (Meurthe-et-Moselle), lesquelles ont confirmé sa déposition en ce qui concerne les deux camps de Giessen et d'Holzminden, où elles ont été également internées.

N°s 46, 47.

L'an mil neuf cent quinze, le dix-huit février, à VIZILLE (Isère), devant nous,... etc....

HENNEQUIN (Joséphine), veuve HENNEQUIN, âgée de 64 ans, domiciliée à Azannes (Meuse) ; HENNEQUIN (Jeanne), âgée de 31 ans, domiciliée à Azannes ; BLONDIN (Jeanne), âgée de 14 ans, domiciliée à Villers-les-Mangiennes (Meuse), en résidence en dernier lieu à Azannes ; HAUMONT (Marie), femme CLARENNE, âgée de 22 ans ; NOËL (Jeanne), âgée de 26 ans, lingère ; HOLDRINET (Joséphine), veuve NOËL, âgée de 48 ans ; PICQUOIN (Eugénie), veuve HOLDRINET, âgée de 75 ans, toutes domiciliées à Azannes ; SCHEVINE (Hélène), âgée de 16 ans, domiciliée à Flabas (Meuse) :

Nous jurons de dire la vérité.

Nous avons été emmenées de chez nous, le 20 septembre, par les Allemands, qui étaient déjà depuis quelque temps dans nos villages qu'ils avaient pillés. Mlle Schevine avait été prise deux jours auparavant à Flabas avec trente et un enfants et femmes et huit hommes. Toutes les personnes qui se trouvaient à Azannes, c'est-à-dire une trentaine de femmes et quinze hommes, ont été conduites en Allemagne, alors qu'on leur avait déclaré, comme aux gens de Flabas, qu'on les transportait dans une commune voisine.

Nous avons été toutes internées au camp de Grafenwöhr (Haute-Bavière). Pendant le voyage, on a laissé les habitants d'Azannes deux jours sans manger et, quand ils sont passés à Thionville, on leur a apporté une bassine d'eau en disant : « C'est tout ce que nous pouvons vous offrir. » A Grafenwöhr, nous sommes restées pendant six semaines dans des baraquements faits de planches disjointes, et nous y avons couché sur la paille, avec une couverture pour deux. Le 7 novembre, on nous a logées dans des baraques un peu moins mauvaises, avec des paillasses et deux couvertures par personne.

La nourriture se composait d'une décoction d'orge, le matin ; d'une soupe au riz, à la betterave ou aux navets, à midi, avec une petite portion de viande ; le soir, de fromage et de fort mauvais boudin, ou de pommes de terre froides. On nous donnait au début une boule de pain noir pour trois jours ; plus tard nous n'avions plus qu'une boule pour quatre et même cinq jours.

Les enfants recevaient un peu de lait.

En nous renvoyant en France, on nous a fait rester douze jours à Rastadt, dans la saleté et dans la vermine, hommes et femmes confondus. Mme Clarenne y est accouchée le 3 février.

Il y avait au camp environ deux mille prisonniers civils, douze mille militaires français et treize mille Russes.

On faisait travailler les hommes, qui étaient encore moins bien nourris que nous. Aussi les décès étaient-ils nombreux parmi eux. Pendant notre séjour, cent treize hommes sont morts, entre autres trois membres de la famille de Mme Holdrinet. C'est M. le curé du canton de Damvillers qui nous a indiqué le chiffre des décès. Il était prisonnier au camp.

Ce que nous avons vu de plus cruel, c'est un convoi de blessés russes transportés tout nus dans vingt-cinq chariots environ venant de la gare distante de deux kilomètres. A l'arrivée des véhicules, le transport de ces malheureux à l'hôpital était effectué par des infirmiers français, qui les prenaient sur leur dos, en se hâtant le plus possible, car il neigeait. Les Allemands se montraient particulièrement durs pour les Russes.

En Suisse, on nous a fait un accueil des plus charitables.

Après lecture, les témoins ont signé avec nous.

Le même jour, à VAULNAVEYS-LE-HAUT (Isère), nous avons entendu : PONCET (Auguste), âgé de 81 ans; PONCET (Marie), veuve VÉRY, âgée de 54 ans; PONCET (Reine), née GENTIL, âgée de 76 ans; JACQUES (Pélagie), femme BLANCHARD, âgée de 43 ans; COLLIGNON (Marie), veuve LECOMTE, âgée de 54 ans; TROUSLARD (Jeanne-Marie), veuve LECOMTE, âgée de 79 ans; HUMBERT (Madeleine), femme HUSSENET, âgée de 64 ans; GROSDIDIER (Adeline), veuve LAVIGNE, âgée de 70 ans, tous domiciliés à Flabas.

Ils ont déclaré :

Nous jurons de dire la vérité.

Nous avons été emmenés de Flabas par les Allemands, le 18 septembre. Ils disaient qu'ils voulaient nous mettre à l'abri des combats; mais nous pensons qu'ils avaient simplement l'intention de procéder plus facilement au reste du pillage de notre commune.

Nous confirmons, au sujet de notre départ, la déposition d'Hélène Schevine, dont vous nous avez donné lecture; et en ce qui concerne le traitement qu'on nous a imposé au camp de Grafenwöhr ainsi qu'à Rastadt, nous confirmons les témoignages reçus par vous aujourd'hui à Vizille, en ajoutant que l'une de nos compagnes de captivité, Mlle Blanchard (Hermance), âgée de 45 ans, est morte ici hier, d'une pneumonie contractée par elle à Rastadt, et qu'une autre est gravement malade. Nous toussons tous beaucoup.

Après lecture, les témoins ont signé avec nous.

N° 48.

L'an mil neuf cent quinze, le vingt février, à SAINT-ÉGRÈVE (Isère), devant nous, . . . etc. .

MICHEL (Hélène), âgée de 21 ans; DEMOULIN (Anna), femme MAJOT, âgée de 36 ans; MICHEL (Yvonne), âgée de 18 ans; WADEL (Maria), femme MANGIN, âgée de 54 ans; BERTAUX (Juliette), femme LEROY, âgée de 50 ans, demeurant toutes à Dommartin-la-Montagne (Meuse).

Après avoir juré de dire la vérité, elles nous ont fait des déclarations confirmant complètement celles que nous avons reçues à Vizille et à Vaulnaveys, en ce qui concerne le régime du camp de Grafenwöhr, où elles ont été internées du 1er novembre au 31 janvier, et celui de la forteresse de Rastadt.

Elles ont assisté à l'arrivée du convoi de blessés russes qui ont été transférés au camp, sans autre vêtement que leur chemise, alors qu'il neigeait et que le froid était glacial.

Elles disent en outre :

Les prisonniers civils hommes étaient entassés en si grand nombre dans leurs baraquements que l'air y était irrespirable. La mortalité était effrayante; tous les jours, nous apprenions plusieurs décès.

Au retour, quand nous nous sommes arrêtées à Rastadt, Mme Clarenne y a mis au monde un enfant. Elle est accouchée non à la forteresse, mais à l'hôpital.

Les témoins ont signé avec nous, après lecture.

N° 49.

L'an mil neuf cent quinze, le vingt-deux février, à FRONTENEX (Savoie), devant nous, . . . etc. . . . .

LAHAYE (Clémentine), veuve MINARD, âgée de 73 ans; BURTAUX (Aline), âgée de 36 ans; HUSSENET (Élisabeth), femme BURTAUX, âgée de 66 ans; BURTAUX (Jean-Louis), âgé de 68 ans; VARLET (Antoinette), âgée de 15 ans; HUSSENET (Adèle), veuve RENEAUX, âgée de 69 ans, tous de Flabas (Meuse); LELOUP (Émile), âgé de 59 ans, de Briquenay (Ardennes); LEROY (Jules), âgé de 14 ans, d'Apremont (Ardennes).

Les comparants nous ont fait, serment prêté, des déclarations conformes à celles que nous avons reçues, le 18 de ce mois, à Vizille et à Vaulnaveys, relativement au traitement des prisonniers au camp de Grafenwöhr, où ils ont été internés, et dans la forteresse de Rastadt, où ils sont restés pendant douze jours.

Nᵒˢ 50, 51, 52, 53, 54.

L'an mil neuf cent quinze, le vingt-deux février, à GRÉSY-SUR-ISÈRE (Savoie), devant nous,... etc..................................

POILBLANC (Hector), âgé de 65 ans, maire de Montblainville (Meuse) :

Je jure de dire la vérité.

Le 22 septembre, les Allemands, en arrivant à Montblainville, ont fait sortir les hommes qui étaient cachés dans les caves et immédiatement les ont emmenés dans la direction d'Apremont.

En arrivant dans cette commune, nous avons été interrogés par un officier qui nous a reproché d'avoir tiré sur sa troupe, d'avoir fait de la télégraphie sans fil et de nous être livrés à l'espionnage, accusations contre lesquelles nous avons protesté. Nous avons couché à Sommerance, dans une cave, où j'ai vu les Allemands précipiter à coups de pied mon cousin Arnould (Philogène), âgé de quatre-vingts ans, qui, complètement épuisé, ne pouvait plus avancer.

Là, nous avons été accablés de brutalités et de mauvais traitements et, le lendemain, on nous a conduits à la prison de Montmédy, où, après avoir passé la nuit, on nous a entassés dans des wagons à bestiaux. Nous mourions de faim, car jusqu'à notre départ en chemin de fer, nous n'avions reçu qu'une fois un peu de mauvais café. Le voyage en wagon a duré cinquante-quatre heures, temps pendant lequel on nous a donné deux fois du riz et un peu de café. Nous avons été internés à Grafenwöhr, dans un bâtiment en planches, où nous nous sommes trouvés au nombre de quatre cent cinquante. Nous n'avons été chauffés que pendant les quinze derniers jours. Pendant cinq ou six semaines, nous avons couché sur la paille qu'on n'a jamais renouvelée, et on ne nous a donné qu'une couverture pour trois. Plus tard, nous avons eu chacun une paillasse et deux couvertures. Un mois avant notre départ, les paillasses ont été placées sur des châlits. Jusqu'à six heures du soir, nous pouvions circuler dans la cour.

Le matin, nous buvions de la décoction d'orge torréfiée, sans sucre. A midi, on nous donnait une soupe de maïs, aux choux-navets, etc., avec des débris de viande, des abats, de la rate, du poumon et des os. Le soir, le repas se composait de fort mauvais boudin, quelquefois de pommes de terre, ou d'un hareng salé. Nous avions enfin, par personne, une boule de pain noir d'environ 1,200 grammes pour trois jours. Nous souffrions tous beaucoup de la faim. Il y avait une grande quantité de malades; sur environ dix-huit cents prisonniers civils, cent trente sont morts; le chiffre des décès, pour ma seule section, a été de cinq, sur seize hommes de ma commune. On s'éteignait comme une bougie, car on n'avait plus la force de se tenir sur ses jambes. Les soins médicaux étaient à peu près nuls. En revenant en France, nous sommes passés par Rastadt où nous avons séjourné douze jours dans les casemates, au milieu de la vermine.

A Schaffhouse, nous avons été l'objet des meilleurs soins et des attentions les plus touchantes.

Après lecture, le témoin a signé avec nous et avec MM. GENTY (Eugène), âgé de 64 ans, cultivateur à Sommerance, GOURET (Auguste), âgé de 68 ans, manœuvre à Montblainville, qui ont déclaré confirmer entièrement sa déclaration, dont il leur a été donné connaissance.

Douze jeunes gens de la Meuse et des Ardennes, âgés de onze à dix-sept ans, nous ont déclaré confirmer les déclarations de M. Poilblanc, relativement au régime du camp de Grafenwöhr.

M. ALETTI (Jean), âgé de 65 ans, entrepreneur de maçonnerie à Sivry-sur-Meuse, après avoir prêté serment de dire la vérité, a également confirmé les mêmes déclarations.

Il a signé avec nous, après lecture.

Le même jour, à MONTAILLEUR (Savoie), nous avons entendu M. HANCE (Jules), âgé de 44 ans, adjoint au maire de Gercourt (Meuse), qui, arrêté le 17 septembre, a été interné pendant cinq mois au camp de Grafenwöhr. Il nous a fait des déclarations confirmant celles que nous avons reçues à Grésy-sur-Isère au sujet du régime de ce camp, déclarations dont nous lui avons donné lecture après avoir reçu sa déposition sous la foi du serment.

Les seules différences que nous ayons relevées entre son témoignage et ceux des rapatriés de Grésy sont les suivantes :

1° Des soins médicaux ont été donnés aux prisonniers par des majors et des infirmiers français, qui faisaient preuve de dévouement, mais qui ne disposaient d'aucun médicament.

2° Les baraquements ont été chauffés non pas seulement pendant quinze jours, mais pendant six semaines.

3° Par contre, M. Hance et ses compagnons ont couché sur la paille pendant quatre mois entiers.

Il a ajouté : A Grafenwöhr et à Rastadt, nous avons été dévorés par la vermine. Pour nous Français, ç'a été la pire des souffrances. J'ai été rapatrié, malgré mon âge, parce que je suis infirme de la main droite.

Après lecture, le témoin a signé avec nous.

M. Hance ajoute : Nous pouvions écrire au crayon, mais nous ne recevions pour ainsi dire aucune nouvelle de nos familles. Des sous-officiers allemands ont dit devant moi qu'ils avaient en dépôt cinquante mille lettres à notre adresse, qui ne nous seraient jamais remises.

Après lecture, le témoin a signé avec nous.

Dix jeunes gens de l'Aisne, de la Meuse et des Ardennes, rapatriés du camp de Grafenwöhr, ont confirmé devant nous les déclarations de M. Hance.

N° 55.

L'an mil neuf cent quinze, le vingt-trois février, à TOURS (Savoie), devant nous,... etc.

MIQUEL (Félix), âgé de 15 ans, domicilié à Bantheville (Meuse) :

Je jure de dire la vérité.

Le 16 septembre, j'ai été pris, près de chez mes parents, par les Allemands. Ils m'ont emmené après m'avoir fait sortir d'une cachette que je m'étais ménagée derrière un tas de fagots. L'un d'eux, en me découvrant, m'a porté à la bouche un coup de pointe de sabre qui m'a fait la blessure dont vous voyez l'énorme cicatrice à ma lèvre supérieure. J'ai été joint à un convoi d'environ cinq cents prisonniers. En arrivant près d'un bois, j'ai essayé de me sauver; mais une sentinelle m'a porté un coup de baïonnette qui m'a coupé une phalange de la main gauche.

J'ai été conduit à Grafenwöhr. Là, j'ai été mis à l'hôpital et soigné par des majors et des infirmiers français. Au bout d'un mois, j'ai été interné dans le camp.

[Nous, membres de la Commission, constatons qu'en ce qui concerne le régime du camp de Grafenwöhr, Miquel nous donne des renseignements conformes à ceux que nous avons précédemment recueillis.]

Le témoin a signé avec nous, après lecture.

N°s 56, 57, 58, 59, 60.

L'an mil neuf cent quinze, le dix-huit février, à VAULNAVEYS-LE-HAUT (Isère), devant nous,... etc..

DELEBECQUE (César), âgé de 54 ans, cultivateur, et DERAMEAUX (Charles), âgé de 55 ans, cultivateur, tous deux à La Gorgue (Nord):

Nous jurons de dire la vérité.

Nous avons été pris par les Allemands, le premier le 11 octobre et le second le 12. Nous nous sommes retrouvés à Lille. Là, on nous a emmenés dans un wagon à bestiaux, avec d'autres prisonniers. Le voyage a duré quatre jours pendant lesquels on nous nourrissait en nous jetant de temps en temps un morceau de pain. Nous étions une vingtaine de La Gorgue et d'Estaires. Nous avons été internés au camp de Güstrow (Mecklembourg).

Là, nous avons été logés sous la tente, avec de la paille pour unique couchage. Cette paille n'était pour ainsi dire jamais renouvelée. A la fin de l'année, on nous a mis dans des baraquements et on nous a donné à chacun une paillasse et une couverture toute déchirée. Sous les tentes, nous avons été couverts de vermine.

Les Allemands riaient et se moquaient de nous quand nous essayions de nous débarrasser des poux qui nous rongeaient.

Voici comment on nous nourrissait : on nous donnait, vers six heures et demie du matin, une sorte de soupe composée de riz et d'eau; à midi, une autre soupe avec des fèves; le soir, du riz, comme le matin; jamais de viande. On nous remettait une boule de pain noir pour quatre jours, quelquefois pour cinq.

Il y avait au camp près de dix mille prisonniers, des Russes, des Anglais, des Belges, des militaires français et des prisonniers civils; rien que des hommes. Beaucoup sont morts, notamment cinq de La Gorgue et d'Estaires.

Au retour, nous sommes passés par Rastadt où nous avons séjourné sept jours dans des casemates sombres et pleines de vermine. C'était une infection.

Les punitions, à Güstrow, étaient sévères et on les infligeait pour des peccadilles. L'une d'elles consistait à être attaché à un poteau.

En arrivant en Suisse, nous avons reçu un accueil que nous n'oublierons jamais.

Après lecture, les témoins ont signé avec nous.

Le même jour, au même lieu, nous avons entendu Dupont (Fidèle), âgé de 48 ans, journalier à Estaires (Nord), et Laporte (Louis), âgé de 56 ans, chauffeur à Estaires.

Ils ont déclaré :

Nous jurons de dire la vérité.

Nous confirmons entièrement la déposition de MM. Delebecque et Derameaux, dont vous venez de nous donner lecture.

J'ajoute, dit M. Laporte, que, pendant les quatre jours qui ont suivi mon arrestation, j'ai été laissé sans nourriture. Je n'ai subsisté que d'un peu d'eau et de quelques dragées que j'ai pu acheter.

M. Dupont affirme qu'il a dû faire trente kilomètres pieds nus dans la boue.

Après lecture, les témoins ont signé avec nous.

––––––––––

Le 22 février, à Frontenex (Savoie), nous avons entendu Édel (Eugène), âgé de 50 ans, garde champêtre à Coucy-la-Ville (Aisne).

Il a juré de dire la vérité, et il nous a fait des déclarations confirmant celles que nous avons reçues, le 18 de ce mois, à Vaulnaveys-le-Haut (Isère), relativement au régime du camp de Güstrow, où il a été interné. Il dit que la viande, d'ailleurs en général mauvaise qu'on mettait dans la soupe de midi, servait trois fois de suite à faire cette soupe; elle était ainsi réduite en bouillie, et on n'en trouvait pas dans les gamelles, ce qui explique que les témoins de Vaulnaveys-le-Haut aient déclaré qu'on n'en donnait jamais.

Le régime, dit-il, était détestable; la nourriture n'était pas mangeable. J'ai entendu raconter, dans ce camp qui était le plus mauvais de tous, que des prisonniers y étaient morts de faim.

J'ai été arrêté devant chez moi, le 18 octobre et, pendant mon transfèrement, je suis resté vingt-deux heures sans manger. A Güstrow, j'ai été très malade d'une bronchite. Un médecin français venait me voir, prenait ma température, mais ne pouvait rien m'ordonner, ne disposant d'aucun médicament. Aujourd'hui encore, je suis loin d'être rétabli et je suis absolument sans force.

Après lecture, le témoin a signé avec nous.

––––––––––

Le 23 février, à Sainte-Hélène-sur-Isère, nous avons entendu Hallet (Émile), âgé de 49 ans, employé de sucrerie à Flavy-le-Martel (Aisne); Caille (Albert), âgé de 42 ans, ouvrier d'usine à Aulnois (Aisne); Hallet (Henri), âgé de 17 ans, apprenti mécanicien à Flavy-le-Martel (Aisne).

Ils ont juré de dire la vérité et ont confirmé les déclarations que nous avons reçues, le 18 de ce mois, à Vaulnaveys (Isère), en ce qui concerne le régime et l'alimentation du camp de Güstrow où ils ont été internés. Ils ont fait connaître que tous les prisonniers du camp n'ont pas été logés dans des baraquements en bois. Beaucoup, parmi lesquels ils se trouvaient, ont été entassés dans de grandes baraques en toile, semblables aux baraques foraines, où il n'y avait ni chauffage ni éclairage.

Ils étaient couchés sur de la paille posée à même la terre. Cependant, ils ont constaté que, dans un de ces bâtiments en toile où on avait placé une quarantaine de vieillards et de jeunes gens, la paille était posée sur un plancher. Environ deux mille prisonniers seulement étaient dans des baraquements en bois. La vermine grouillait et il faisait très froid.

Le même jour, à La Batiie (Savoie), nous avons entendu Déplanque (Louis), âgé de 26 ans, de Courcelles-le-Comte (Pas-de-Calais); Boniface (Henri), âgé de 17 ans, de Mouriez (Pas-de-Calais); Moufflin (Henri), âgé de 18 ans, de La Gorgue (Nord); Moufflin (Fortuné), âgé de 16 ans, frère du précédent, qui, après avoir prêté serment, nous ont fait des déclarations conformes à celles que nous avons recueillies antérieurement sur le régime du camp de Güstrow et ont ajouté avoir été témoins des faits suivants : un prisonnier civil, Louis Fournier, a reçu un coup de baïonnette parce qu'il avait allumé sa pipe étant au travail, ce qui l'avait empêché de participer au renversement d'un wagonnet rempli de sable.

Un sous-officier allemand a, sans aucun motif, tiré deux coups de revolver sur un groupe de prisonniers et a atteint d'une balle Boniface (Jules), qui a été blessé à la hanche.

Après lecture, ils ont signé avec nous, sauf Boniface (Henri), qui a déclaré ne savoir signer.

N⁰ˢ 61, 62, 63.

L'an mil neuf cent quinze, le dix-huit février, à Eybens (Isère), devant nous,... etc...

Cuvillier (Florentine), femme Delattre, cultivatrice à Beaumont-Hamel (Somme), âgée de 64 ans :

Je jure de dire la vérité.

Après être restés pendant vingt-quatre jours dans les caves, tandis qu'on se battait à Beaumont et que les Allemands pillaient notre village, nous avons reçu de ceux-ci, le 28 octobre, l'ordre de nous rassembler dans la cour de la maison où était logé le commandant. On nous prévint alors qu'on nous garderait pendant deux jours, pour nous mettre à l'abri. Au milieu de la nuit, on nous a conduits à pied à Bapaume, où on nous a enfermés dans la gare, couchés sur de la ferraille, sans boire ni manger. Le 30, nous sommes partis pour Cambrai dans des wagons à bestiaux. Nous avons ensuite passé trois jours dans une prison à Saint-Quentin; puis, toujours dans des wagons à bestiaux, on nous a transférés à Lübeck. Le voyage, pendant lequel on nous a empêchés de descendre et on ne nous a donné qu'une fois par jour un peu de riz et de café, a duré trois journées. Nous avions grand faim.

A Lübeck, on a séparé les femmes des hommes, sans nous dire ce qu'on allait faire de nos maris. On est sans nouvelle d'eux.

Dans cette ville, nous sommes restées quinze jours logées à la prison, avec une paillasse et une couverture chacune. Le matin, nous recevions un breuvage imitant le chocolat; c'était comme de l'eau jaunie; à midi, une soupe sans graisse faite avec des choux verts et quelques-uns de ces gros navets que, chez nous, on donne aux bestiaux; le soir, de l'orge bouillie qui n'était pas mangeable, car elle n'était jamais assez cuite. Deux fois par semaine, on nous donnait enfin un très petit morceau de lard presque cru. Nous avions en outre, chaque jour, environ 250 grammes de pain.

De là, nous avons été transférées au camp de Holzminden (Brunswick). Nous y étions logées dans des baraques en sapin, avec, pour chacune de nous, une planche, une paillasse garnie de copeaux de bois et deux couvertures. Dans chaque baraque il y avait un poêle. On nous donnait, le matin, un peu de thé ou de café; à midi, des pommes de terre ou du riz avec de tout petits débris de viande de porc; le soir, de l'orge ou du riz cuits à l'eau, de la purée de pommes de terre dans laquelle était toute la pelure. Le dimanche, nous avions des choux, avec un peu de mouton. Tous les jours, nous recevions environ 250 grammes de pain noir. Partout où nous avons été détenues, les Allemands ont donné aux enfants âgés de moins de cinq ans un quart de litre de lait chaque jour.

Il y avait dans le camp des soldats belges. On les faisait travailler et on leur imposait toutes les corvées. Comme ils n'étaient pas mieux nourris que nous, ils mouraient presque de faim.

Nous n'étions pas maltraitées. Pourtant nous avons vu deux femmes qu'on a mises au piquet, pour punition d'une faute que j'ignore. On les a tenues toute une journée, du matin à six heures du soir, debout, sans bouger, avec des sentinelles derrière elles, et on ne leur a donné aucune nourriture.

Nous avons quitté le camp le 5 février. En revenant, on nous a fait passer trois jours à Rastadt. C'est là que nous avons été le plus mal. On ne nous a pas donné d'objets de couchage et on ne nous a presque pas nourries. Quand nous sommes arrivées à la frontière suisse, tout a changé. Là, nous avons été accueillies, réconfortées et ravitaillées. On nous a fait un accueil excellent.

Après lecture, le témoin a signé avec nous.

———

Beaugeois (Léa), femme Choquet, âgée de 26 ans, cultivatrice à Beaumont; Beaugeois (Gabrielle), femme Dhérissart, commerçante au même lieu, âgée de 28 ans; Dufour-mantelle (Blanche), âgée de 38 ans, femme Flament, sans profession à Beaumont, après avoir juré de dire la vérité, ont confirmé d'une façon absolue la déposition de la dame Delattre, et ont déclaré n'avoir rien à y ajouter.

Elles ont signé avec nous, après lecture de ladite déclaration et de la mention ci-dessus.

———

Le 19 février, à Froges (Isère), nous avons entendu Cadet (Marie), femme Bigoque, âgée de 68 ans; Comont (Ismérie), veuve Sergent, âgée de 75 ans; Duplessis (Maria), née Vivier, âgée de 56 ans; Bigoque (Antoinette), femme Davinche, âgée de 35 ans; Duplessis (Julia), âgée de 22 ans, toutes domiciliées à Beaumont-Hamel (Somme), qui ont prêté serment de dire la vérité et ont confirmé la déposition de Mme Delattre, reçue par nous, hier, à Eybens. Mme Bigoque, née Cadet, ajoute qu'à Lübeck, elle a été séparée de son mari, âgé de quatre-vingts ans, et qu'elle est très inquiète du sort de celui-ci.

———

Nos 64, 65.

L'an mil neuf cent quinze, le dix-huit février, à Vizille (Isère), devant nous,... etc...

Dame X..., ...

......; Georgin (Antoinette), femme Patenotte, âgée de 26 ans, sans profession, domiciliée à Arnaville (Meurthe-et-Moselle); BULET (Adèle), femme SOUBIE, âgée de 35 ans, domiciliée à Dieulouard (Meurthe-et-Moselle); Dame Z..., ...

....; CUISINIER (Marie-Madeleine), femme POINDRON, âgée de 36 ans, domiciliée à Cons-la-Grandville (Meurthe-et-Moselle) :

Nous jurons de dire la vérité.

Nous nous sommes trouvées toutes ensemble internées au camp de Holzminden, Mme X..., Mme Patenotte, Mme Soubie et Mme Z... ont été emmenées d'Arnaville, et Mme Poindron, de Conflans. On nous avait dit, sauf à Mme Poindron, qu'on nous conduisait en France. Nos enfants, ... ont dû partir avec nous.

Au camp, il y avait de huit à dix mille prisonniers, en grande partie des civils, femmes, hommes et enfants; parmi ces derniers, de tout petits. Nous étions logés dans des baraquements en bois, de construction très récente et fort humides. Nous couchions sur des paillasses de fibre de bois et nous avions chacun deux couvertures. Il y avait un poêle dans chaque baraque. Nous étions quarante ou cinquante par chambre. La nourriture était très mauvaise. Le matin, on nous donnait un café sans sucre qui n'était que de l'eau jaunie, et environ 200 grammes de pain noir pour toute la journée; à midi, des soupes aux navets, aux harengs, à la morue, aux betteraves ou aux féveroles, avec dedans des débris de tête de porc hachés; le soir, des potages d'avoine ou d'orge, détestables.

Au début, on donnait aux enfants âgés de moins de quatorze ans des soupes dans lesquelles il y avait du lait. Plus tard, le lait a été réduit à un quart de litre par enfant et encore n'en a-t-on attribué qu'aux plus petits. Il est juste de dire qu'on leur a donné du pain blanc. Tout le monde toussait, les enfants surtout; quand les médecins passaient, si on les consultait, ils se contentaient de donner aux malades une ou deux pastilles. Les hommes mouraient presque de faim.

Nous sommes restées au camp sept semaines. En revenant en France, on nous a fait passer quatre jours à Rastadt, sans objet de couchage et au milieu de la vermine qui grouillait.

....
....
....

Après lecture, les témoins ont signé avec nous, sauf Mmes Patenotte et Soubie qui ne savent pas écrire.

Le 19 février, à La TERRASSE (Isère), nous avons entendu Mme MALDÉMÉ (Léontine), femme GARÉ, âgée de 50 ans, domiciliée à Rosières-aux-Salines (Meurthe-et-Moselle), qui a été emmenée d'Arnaville par les Allemands. Elle a confirmé entièrement la déposition ci-dessus des dames X..., Patenotte, Soubie, etc., et nous a remis un échantillon du pain qu'on donnait aux prisonniers au camp de Holzminden.

Après lecture de ladite déposition et de la présente mention, elle a signé avec nous.

Nᵒˢ 66, 67.

L'an mil neuf cent quinze, le dix-huit février, à BRIÉ-ET-ANGONNES (Isère), devant nous,... etc...

CUNY (Joséphine), âgée de 44 ans; WEIDEL (Marie-Mathilde), âgée de 40 ans, femme FINANCE; BERTRAND (Clémentine), femme GEORGES, âgée de 45 ans; CUNY (Maria-Ernestine), âgée de 17 ans; BEDO (Marie), veuve DILLINSEGER, âgée de 64 ans; GRÉVISSE (Catherine-Philomène), veuve HEFTY, âgée de 49 ans; QUINIT (Marie), femme CUNY, âgée de 36 ans, demeurant toutes au Ban-de-Sapt (Vosges) :

Nous jurons de dire la vérité.

Le 27 décembre, les Allemands ont emmené les habitants de notre hameau du Fraiteux, commune du Ban-de-Sapt. Nous avons été transférées au camp de Holzminden (Brunswick). Là, nous avons été logées dans des baraques en planches de sapin vert, très humides. Dans chaque baraque, il y avait un poêle et on recevait sept briquettes par jour. La nuit, il faisait bien froid. Nous couchions sur des paillasses garnies de copeaux de bois et nous avions chacune deux couvertures. On nous donnait par jour 250 grammes environ d'un pain tout noir et amer qui n'était pas mangeable. On pouvait se procurer, au prix de 85 centimes le kilogramme, du pain moins noir et moins mauvais, à la cantine, où on nous vendait aussi du beurre moyennant 2 fr. 50 le demi-kilogramme.

La nourriture se composait : à midi, d'une soupe de hareng ou de morue, ou encore de fèves et de choux-raves, avec quelques tout petits morceaux de viande dedans; le soir, d'une soupe, sorte de colle immangeable. Deux fois par semaine, on avait un peu de mouton, et une fois de la charcuterie. On donnait aussi un quart de litre de lait par enfant. Au réveil, nous recevions du thé ou du café, ou plutôt de l'eau jaunie. Nous sommes restées cinq semaines à Holzminden. Quand on nous a renvoyées, on a gardé les hommes de dix-sept à soixante ans. S'ils demeurent longtemps au camp, ils deviendront sûrement tuberculeux, par suite des privations et du manque de soins.

En nous reconduisant, on nous a fait passer par Rastadt, où nous avons été horriblement mal. Nous y sommes restées pendant quatre jours dans les casemates d'une ancienne forteresse. Nous n'y avions pas de paillasses, mais seulement des copeaux sur lesquels nous n'osions pas nous étendre, à cause de la vermine qu'on voyait grouiller. Nous étions obligées de manger sans cuiller, dans des pots de grès contenant une ignoble colle de riz ou d'orge. Le soir, on nous donnait deux harengs saurs par personne et, chaque jour, 250 grammes d'un pain qu'on ne pouvait pas manger.

En arrivant en Suisse, nous avons cru entrer en paradis. Nous y avons été comblés de prévenances et de bontés. Nous pleurions de joie.

Après lecture, les témoins ont signé avec nous.

————

BRASSEUR (Constantin), âgé de 70 ans, menuisier, et BERNARD (Clémentine), femme BRASSEUR, âgée de 65 ans, tous deux domiciliés à Luvigny (Vosges) :

Nous jurons de dire la vérité.

Nous avons été pris, l'un le 12 décembre et l'autre le 14 du même mois, en Meurthe-et-Moselle, et transférés à Rastadt, puis au camp de Holzminden. En nous renvoyant en

France, on nous a fait repasser par Rastadt. Nous ne pouvons que confirmer entièrement, en ce qui concerne le traitement subi par les prisonniers à Rastadt et Holzminden, les dépositions qui viennent de vous être faites par les dames Cuny, Hefty, Dillinseger, Georges, Finance et par les demoiselles Cuny (Joséphine) et Cuny (Maria-Ernestine), du Ban-de-Sapt, dépositions dont nous avons entendu la lecture.

Après lecture, les témoins ont signé avec nous.

Nᵒˢ 68, 69, 70.

L'an mil neuf cent quinze, le dix-huit février, à GRENOBLE, devant nous, . . . etc. . . . . .

WEBER (André), âgé de 61 ans, maréchal des logis chef de gendarmerie en retraite, domicilié à Norroy-lès-Pont-à-Mousson :

Je jure de dire la vérité.

Le 11 décembre, j'ai été arrêté avec ma femme et cinq autres personnes de Norroy, par les Allemands, qui ne nous ont pas fait connaître les causes de notre arrestation. Ils nous ont conduits à pied jusqu'à Noviant et, le lendemain, en chemin de fer, à Sarrebourg, où nous avons passé deux nuits dans une caserne dans laquelle nous n'étions pas mal. Nous avons été ensuite transférés à Rastadt. Là, on nous a laissés pendant dix jours dans des casemates. La gamelle, préparée par des soldats français, n'était pas mauvaise. Enfin on nous a internés au camp de Holzminden, dans des baraquements séparés. Nous couchions sur des paillasses garnies avec des copeaux et nous avions deux couvertures par personne. Les baraquements étaient extrêmement froids et humides pendant la première journée. Des poêles ont été allumés à partir du lendemain. Il y avait là des vieillards de quatre-vingts ans et plus, qui souffraient beaucoup.

La nourriture était exécrable. Le matin, nous recevions la valeur d'un demi-litre d'un breuvage dans lequel il y avait de l'extrait de café ; à midi, on nous donnait une soupe sans pain, avec dedans un peu d'orge, la moitié d'une pomme de terre et, deux fois par semaine au plus, quelques débris de viande ; quelquefois aussi de la soupe au hareng ; le soir, une autre soupe contenant des épluchures de pommes de terre ; enfin, chaque jour, un morceau de pain noir. Actuellement, la cantine où l'on pouvait acheter quelques aliments est fermée, paraît-il, et je me demande comment les malheureux prisonniers qui sont restés là-bas pourront vivre.

En passant à Rastadt pour revenir, nous avons trouvé une vermine infecte ; nous n'y avons heureusement séjourné que deux heures.

En Suisse, nous avons reçu l'accueil le plus réconfortant.

Après lecture, le témoin a signé avec nous.

KIEFFERT (Lucie), épouse WEBER, domiciliée à Norroy :

Je jure de dire la vérité.

Je confirme la déposition que mon mari vient de vous faire en ma présence.

Après lecture, le témoin a signé avec nous.

Rouvelin (Lucie), âgée de 26 ans, institutrice publique à Saint-Marcel (Meurthe-et-Moselle), et Parmentier (Louise), âgée de 21 ans, institutrice à Hannonville-sous-les-Côtes (Meuse) :

Nous jurons de dire la vérité.

De nos communes respectives, nous avons été transférées par les Allemands au camp de Holzminden.

Nous confirmons en tout point la déposition de M. Weber, que nous avons entendue. Nous y ajoutons toutefois qu'à Rastadt nous avons encore été plus mal que lui et sa femme, car la casemate dans laquelle nous nous trouvions était encore plus malpropre que la leur.

Après lecture, les témoins ont signé avec nous.

M. Weber, déjà entendu, ajoute qu'il a eu sous les yeux un spectacle lamentable, celui de trois ou quatre cents jeunes gens arrêtés dans le nord de la France, et qui étaient comme des loups affamés. Ils se tuaient presque pour attraper un petit morceau de pain, lorsque d'autres prisonniers plus fortunés qu'eux pouvaient leur en donner. Cela se passait à Rastadt.

Après lecture, il a signé.

N° 71.

L'an mil neuf cent quinze, le dix-neuf février, à Saint-Ismier (Isère), devant nous,... etc...

Rosé (Justine), femme Parmentier, âgée de 39 ans; Basse (Marie), veuve Nicolas Rosé, âgée de 64 ans, domiciliées toutes deux à Hannonville-sous-les-Côtes (Meuse); Chapé (Alphonse), âgé de 69 ans, cultivateur; Chenal (Constant), âgé de 65 ans, ferblantier, tous deux à Provenchères (Vosges).

Ces témoins nous ont fait, après avoir prêté serment de dire la vérité, des déclarations confirmant complètement toutes les dépositions déjà reçues par nous, relativement au séjour des prisonniers civils au camp de Holzminden et dans les casemates de Rastadt.

Mme Nicolas Rosé fait connaître, en outre, que son mari est décédé, le 2 décembre, au camp de Zwickau (Saxe), où il avait été interné. Cet homme avait soixante-huit ans. Atteint d'une hernie, il avait été contraint de faire à pied et en sabots un trajet de 22 kilomètres entre Hannonville et Mars-la-Tour. MM. Chapé et Chenal ajoutent que, dès avant leur départ, la cantine de Holzminden ne vendait plus que quelques denrées qui lui restaient, et qu'elle devait fermer le 15 février. Ils déclarent que, dans ces conditions, les malheureux qui se trouvent encore au camp doivent être bien à plaindre.

Les témoins ont signé avec nous, après lecture.

4.

N°s 72, 73, 74.

L'an mil neuf cent quinze, le dix-neuf février, à Montbonnot (Isère), devant nous...
etc...

Dubuffet (Félicie), âgée de 57 ans; Vivier (Augustine), femme Pajot, 63 ans; Pajot (Aurélie), née Toussel, 57 ans; Magnier (Marie), femme Morel, 48 ans; Tonnel (Catherine), femme Vivier, 54 ans; Warbuzel (Julie), femme Ducastel, 48 ans; Pajot (Jeanne), femme Féret, 30 ans, toutes domiciliées à Beaumont-Hamel (Somme) :

Nous jurons de dire la vérité.

Le 28 octobre, les Allemands, qui étaient depuis près d'un mois à Beaumont et avaient pillé le village, nous ont donné l'ordre de nous rassembler dans la cour de l'immeuble qu'habitait leur commandant. Sous prétexte de faciliter leurs opérations militaires, ils nous ont emmenées avec tous les habitants de la commune qui n'avaient pas émigré. Nous avons été conduites à Lübeck, où on nous a enfermées dans une prison et où nous couchions à deux sur la même paillasse, avec deux couvertures. Nous y étions fort mal nourries. Au bout de quinze jours, nous avons été transférées au camp de Holzminden. Là, nous avons été logées dans des baraquements. Nous y avions chacune une paillasse garnie de copeaux de sapin et deux couvertures. Les baraquements étaient suffisamment chauffés dans la journée.

Le matin, on nous donnait une imitation de café, sans sucre; à midi, une soupe détestable faite avec des rutabagas ou des féveroles, ou avec des harengs saurs et de la morue. Dans cette soupe il y avait quelques rares et petits débris de viande. Le soir, nous avions du riz ou de l'orge à l'eau, ainsi que des pommes de terre pilées avec leur pelure. Chacune de nous recevait enfin environ 250 grammes de pain noir.

L'état sanitaire était mauvais. Tout le monde toussait, et le médecin ne passait que pour la forme. Nous voyions tous les jours des enterrements.

En retournant en France, nous avons dû séjourner quatre jours à Rastadt, sans pouvoir nous coucher, à cause de la vermine qu'on voyait courir. Nous restions assises sur des bancs.

Quand nous sommes arrivées en Suisse, tout a changé; on nous y a comblées de prévenances et de témoignages de pitié.

Avant de nous emmener de Beaumont, les Allemands avaient frappé notre village d'une contribution de 8,000 francs et, comme le maire n'avait pu réunir que 1,800 francs, des habitants avaient été fouillés. C'est ainsi qu'une de nos compatriotes, Mme Roussel, a été dépouillée de tout l'argent qu'elle possédait.

Nous avons été toutes très déprimées pendant notre séjour en Allemagne. La plupart d'entre nous et surtout les enfants toussent encore beaucoup.

Après lecture, les témoins ont signé avec nous.

———————

Le même jour, à Pontcharra (Isère), nous avons entendu Mme Ledoux, femme Landru (Victoria), de Beaumont-Hamel, qui a été internée à Holzminden avec ses huit enfants,

.... Elle a confirmé entièrement les déclarations qui précèdent.

Mme Landru nous fait connaître qu'elle a vu un jour deux filles mises au piquet, de neuf heures du matin à six heures du soir, au commencement de janvier, sans aucune nourriture.

Elle a signé avec nous.

Le même jour, au CHEYLAS (Isère), nous avons entendu quatorze vieillards qui ont été internés à Holzminden. Ce sont MM. BÉGARD (Félix), âgé de 67 ans ; GRÉVISSE (Joseph), âgé de 68 ans ; JACQUES (Louis), âgé de 71 ans ; SURMELY (Joseph), âgé de 72 ans ; SIMON (Michel), âgé de 70 ans ; SURMELY (Jean-Baptiste), âgé de 62 ans, tous de Lusse (Vosges) ; CHENEL (Alexandre), âgé de 65 ans, de Cons-la-Grandville (Meurthe-et-Moselle) ; GERL (Camille), âgé de 60 ans, de Fraize (Vosges) ; LEFÈVRE (Étienne), âgé de 62 ans, de Cambrai ; LOMBARD (Eugène), âgé de 75 ans, de Buzy (Meuse) ; LEJET (Constant), âgé de 72 ans, d'Herbeuville (Meuse).

Après avoir juré de dire la vérité, ils nous ont déclaré confirmer les dépositions des dames Pajot, Morel, Viviers, etc., de Beaumont, relativement au traitement des prisonniers dans le camp, dépositions dont il leur a été donné connaissance. Ils ont ajouté que les hommes étaient encore plus mal nourris que les femmes, et qu'il n'y avait presque jamais de débris de viande dans leur soupe.

Ils disent aussi que les jeunes gens étaient astreints au travail, et que tous les hommes de dix-sept à soixante ans ont été gardés à Holzminden et s'y trouvent encore.

Après lecture, les témoins ont signé avec nous.

N° 75.

L'an mil neuf cent quinze, le vingt février, à SAINT-ÉGRÈVE (Isère), devant nous,... etc...

MARTIN-MOREL (Jean), âgé de 50 ans, maire de Saint-Égrève :

Je jure de dire la vérité.

Nous avons reçu ici vingt personnes évacuées d'Allemagne, dix-neuf femmes et enfants et un homme. Elles arrivaient du camp de Holzminden. Vous venez d'ailleurs de voir la plupart d'entre elles et de recevoir leurs dépositions.

Provisoirement, j'ai fait placer tout ce monde dans l'école, les femmes dans une salle, l'homme et un garçon de quatorze ans dans une autre.

Les femmes étaient très déprimées et tellement craintives qu'elles se croyaient en prison et demandaient des permissions pour sortir ou pour écrire. J'ai dû m'employer à les rassurer et leur ai fait comprendre que leur captivité avait pris fin.

Aujourd'hui, tous nos réfugiés sont logés chez les habitants qui s'efforcent de leur rendre la vie douce.

Après lecture, le témoin a signé avec nous.

N° 76.

L'an mil neuf cent quinze, le vingt février, à Bresson (Isère), devant nous,... etc....

Panot (Nicolas), âgé de 64 ans, vigneron, domicilié à Vandelainville (Meurthe-et-Moselle) ; Panot (Élise), femme Immler, domiciliée à Conflans (Meurthe-et-Moselle) ; Panot (Marguerite), âgée de 21 ans, domiciliée à Vandelainville ; Parmentier (Mélanie), femme Boutte, âgée de 57 ans, à Onville (Meurthe-et-Moselle) :

Nous jurons de dire la vérité.

Le 7 décembre dernier, ayant obtenu des Allemands des laissez-passer pour nous rendre à Chambley, nous avons été arrêtés sur la route et envoyés en Allemagne, sans qu'on nous eût permis d'aller prendre chez nous des vêtements. Nous avons été internés au camp de Holzminden, où on nous a logés dans des baraquements en planches. La nourriture était détestable.

[Les témoins donnent des renseignements concordant d'une façon absolue avec ceux qui nous ont déjà été fournis sur le traitement imposé aux prisonniers dans le camp de Holzminden et sur la malpropreté des casemates de Rastadt.

M. Panot déclare qu'il n'a jamais pu manger le soir, tellement était exécrable la nourriture qui lui était présentée.]

Après lecture, les témoins ont signé avec nous.

N°ˢ 77, 78.

L'an mil neuf cent quinze, le vingt février, à Saint-Égrève (Isère), devant nous,... etc.

Bertrand (Louise), femme André, âgée de 28 ans, de Thiaucourt (Meurthe-et-Moselle).

Après avoir juré de dire la vérité, elle a confirmé les renseignements précédemment recueillis par nous sur le régime du camp de Holzminden, où elle a été internée pendant plus de deux mois.

Elle ajoute :

J'ai été arrêtée, le 3 octobre, à Thiaucourt, dans des conditions particulièrement cruelles. J'étais chez moi, en train de laver, quand les Allemands sont venus me chercher, soi-disant pour donner un renseignement à leur commandant. Ils m'ont empêchée de prendre mes enfants, en me disant que j'allais revenir. Au lieu de me demander un renseignement quelconque, le commandant a ordonné qu'on m'emmenât. On m'a fait marcher jusqu'à Noviant et, de là, j'ai été expédiée en Allemagne par chemin de fer. Dans la baraque où j'étais logée, au camp de Holzminden, j'ai vu mourir une vieille femme de Norroy, commune de Saint-Sauveur (Meurthe-et-Moselle), Mᵐᵉ Thirion. Elle a été malade, étendue sur sa paillasse, pendant trois semaines, sans pouvoir obtenir, malgré ses demandes réitérées, qu'on lui amenât le médecin. Celui-ci est venu seulement le jour où elle est morte.

J'ai vu un jeune prisonnier civil qui, mourant presque de faim et réclamant à manger, a été frappé par un soldat et mis en cellule pendant six jours.

Après lecture, le témoin a signé avec nous.

M. Blaison (Augustin), âgé de 63 ans, régisseur de forêts à Val-et-Châtillon (Meurthe-et-Moselle), nous a fait ensuite des déclarations conformes aux renseignements précédemment recueillis par nous, sur le régime des prisonniers à Holzminden.

N° 79.

L'an mil neuf cent quinze, le vingt-trois février, à LA BATHIE (Savoie), devant nous, . . . etc. . . . .

HAINZELIN (Charles), âgé de 17 ans, verrier à Baccarat (Meurthe-et-Moselle), et MUNIER (Georges), âgé de 13 ans, garçon de culture à Domèvre-sur-Vezouze (Meurthe-et-Moselle):

Nous jurons de dire la vérité.

Nous avons été pris tous deux, le 25 août, par les Allemands, Munier à Magnières et Hainzelin à Ménarmont. Nous avons été embarqués à Blamont dans un wagon à bestiaux et envoyés d'abord à Rastadt, puis à Ingolstadt (Bavière). Pendant le trajet qui a duré cinq jours, on ne nous a donné qu'une seule demi-boule de pain à chacun. A Ingolstadt, nous avons été logés dans un fort. Nous étions trois cents prisonniers civils, parmi lesquels se trouvaient en majorité des Belges. Nous étions dans des salles voûtées contenant de vingt à vingt-trois personnes. Pendant deux mois, nous y avons couché sur de la paille toute moulue et ensuite sur des paillasses. On nous a donné à chacun une couverture légère. Nous étions chauffés avec parcimonie. La nourriture était passable. Le matin, nous recevions de la tisane d'orge grillée, avec un peu de sucre; à midi, de la soupe avec du vermicelle et une petite portion de viande qui n'était pas mauvaise; le soir, de la soupe d'orge ou d'avoine. Le dimanche, nous mangions à midi du ragoût de mouton et, le soir, de la saucisse ou de la salade de museau de bœuf.

Le jour de Noël, on a été mieux nourri. Les soldats français ont été autorisés à nous faire un arbre auquel on a accroché des vêtements et du linge fourni par les Allemands.

Nous avons fait deux fois un séjour à Rastadt, en allant à Ingolstadt et en revenant. Là, nous avons été extrêmement mal. Nous étions dans de la vermine, et on lâchait des chiens pour nous obliger à nous rassembler.

Après lecture, les témoins ont signé avec nous.

N° 80.

L'an mil neuf cent quinze, le vingt-deux février, à FRONTENEX (Savoie), devant nous, ... etc. . . . .

GOSSART (Marcel), âgé de 16 ans et demi, domicilié à Chiry (Oise):

Je jure de dire la vérité.

J'ai été emmené avec des soldats prisonniers, dans un wagon suspendu. Je venais de me briser la cheville du pied droit. Les Allemands m'ont logé dans une caserne à Königsbrück

(Saxe). J'y avais pour compagnons environ quatre cents soldats français. J'étais bien nourri. J'avais un lit avec des draps. J'ai été soigné là-bas, mais je reste estropié.

Après lecture, il a signé avec nous.

N° 81.

L'an mil neuf cent quinze, le vingt-quatre février, à UGINES (Savoie), devant nous, . . . etc.

SEGAIN (Raymond), âgé de 16 ans, demeurant à Remigny (Aisne) :

Je jure de dire la vérité.

Vers la fin de décembre, tous les hommes de notre village à partir de seize ans ont été convoqués à la mairie par les Allemands. Nous nous y sommes rendus et nous étions environ quarante. On nous a mis en rangs pour former un convoi qui a été conduit à Clamecy après avoir passé par Tergnier, où nous avons couché. A Clamecy, on nous a embarqués dans des wagons à bestiaux et, après trente-six heures de voyage, nous sommes arrivés à Limbourg. Avant notre départ et pendant le trajet, on nous a donné quelques aliments.

Le camp de Limbourg, où nous avons été internés, est composé de quarante-huit baraquements en briques pouvant abriter chacun deux cent cinquante personnes; il renfermait beaucoup de prisonniers militaires, principalement des Anglais, et environ cinq cents prisonniers civils.

Nous étions couchés sur une paillasse placée sur le plancher; nous avions chacun un traversin et deux couvertures. La paille des paillasses et des traversins n'a jamais été renouvelée.

Le matin, on nous donnait une sorte d'infusion d'orge grillée sans sucre. A midi, nous avions du riz cuit à l'eau et un tout petit morceau de viande très mauvaise qu'on mangeait parce qu'on avait faim. Le soir, nous soupions, deux fois par semaine avec du jus d'orge grillée et, les autres jours, avec du riz ou un bouillon roux détestable fait avec une denrée que je ne puis déterminer. Tous les jours, à midi, nous recevions 500 grammes de pain.

Nous avons été occupés à des travaux de terrassement et nous n'avons subi aucun mauvais traitement. Après un séjour d'un mois et demi à Limbourg, nous avons été transférés pendant quinze jours à Rastadt, où nous avons été terriblement mal et où nous étions dans la vermine.

Quand nous avons quitté l'Allemagne, nous sommes arrivés à Schaffhouse, où nous avons reçu un accueil touchant que jamais je n'oublierai.

Après lecture, le témoin a signé avec nous.

N°ˢ 82, 83, 84, 85.

L'an mil neuf cent quinze, le vingt-deux février, à GRÉSY-SUR-ISÈRE (Savoie), devant nous, . . . etc. . . . .

TANT (Camille), âgé de 19 ans, employé de bureau, domicilié à Roubaix (Nord) :

Je jure de dire la vérité.

Le 10 octobre, j'ai été arrêté par les Allemands, dans un estaminet à Radinghem, où je m'étais réfugié. Après avoir reçu des coups de crosse et des coups de chaise, j'ai été conduit à Carnin, où, avec huit cents autres prisonniers civils, tous de dix-huit à quarante-cinq ans, j'ai passé la nuit dans une église. Le lendemain matin, nous avons été emmenés à Douai, toujours maltraités et, de là, embarqués pour le camp de Mersebourg (Saxe), dans des wagons à bestiaux où on nous a entassés au nombre de soixante à quatre-vingt-cinq par voiture. Nous avons dû faire ainsi, debout, un trajet qui a duré soixante-douze heures et pendant lequel on ne nous a donné que deux fois de la nourriture.

Pendant trois semaines, nous avons couché, à Mersebourg, sur la paille à même la terre, dans des baraques provisoires fort basses. Ensuite, nous avons été logés dans des baraquements plus vastes, plâtrés et chauffés par des poêles. Nous avons eu là des paillasses et des couvertures. Le matin, nous avions une décoction d'orge grillée; à midi, un jour de la soupe aux légumes, principalement aux betteraves; un autre jour, du macaroni, de l'orge crue, du riz, avec quelques filaments de viande qui, souvent, sentait fort mauvais; le soir, de la farine délayée dans de l'eau, que nous appelions de la colle, ou bien un bout de boudin, ou du fromage immangeable, ou encore un hareng salé.

Chaque jour, nous recevions environ 200 grammes de pain gris. Nous étions tous affamés.

Il y avait dans le camp environ trois mille prisonniers civils, tous des hommes, et six mille prisonniers militaires, français, belges, russes, anglais.
. . . .
. . . .

Après lecture, le témoin a signé avec nous et avec Madoux (Jean), âgé de 18 ans, bourrelier à Hem (Nord), qui a confirmé sa déclaration.

———————

Ruffin (Léonce), âgé de 17 ans, domicilié à Billy-Montigny (Pas-de-Calais), et Podevin (Théophile), âgé de 17 ans, de Loison-sous-Lens (Pas-de-Calais), après avoir juré de dire la vérité, ont confirmé également les déclarations du témoin Tant, sur le régime des prisonniers au camp de Mersebourg, où ils ont été internés pendant quatre mois et demi.

Ils ont signé avec nous, après lecture.

———————

Le même jour, à Montailleur (Savoie), nous avons entendu Higonnet (René), âgé de 15 ans, d'Annœullin (Nord), qui a confirmé les dépositions ci-dessus reçues par nous à Grésy-sur-Isère, en ce qui concerne le régime du camp de Mersebourg, où il a été interné. Il a ajouté qu'ayant été malade pendant deux mois, il a été soigné par les majors français qui, malheureusement, ne disposaient pas de médicaments.

Il a signé avec nous, après lecture.

———————

Le même jour, à Frontenex (Savoie), nous avons entendu Bègue (Gaston), âgé de 19 ans, d'Hazebrouck, ...
. . . . ; Wacrenier (Maurice), âgé de 17 ans, de Pont-à-Marcq (Nord); Wallaert (Charles), âgé de 14 ans, d'Armentières (Nord); Bozet (Augustin), âgé de 14 ans, de Warcourt; Gory (Benoît), âgé de 16 ans, de Wallers (Nord).

Arrêtés les uns dans les champs, les autres chez leurs parents ou leurs patrons, et transférés en Allemagne, ils ont été internés au camp de Mersebourg.

Tous nous ont fait, sur le régime de ce camp et sur celui de la forteresse de Rastadt, des déclarations identiques à celles que nous avons déjà reçues à Grésy-sur-Isère et dans d'autres communes.

N° 86.

L'an mil neuf cent quinze, le dix février, à Paris, devant nous, . . . etc. . . . .

Page (Maurice), âgé de 38 ans, docteur en médecine à Bellevue, médecin aide-major de première classe :

Je jure de dire la vérité.

Le 28 septembre, à Courcelles-le-Comte, j'étais, avec deux autres médecins, les docteurs Bailly et Français (Raymond) et avec un aumônier, en train de ramasser des blessés entre les lignes françaises et les lignes ennemies, quand sont arrivés quatre Allemands qui ont déclaré qu'ils nous faisaient prisonniers. Nous avons protesté, en invoquant l'immunité dont doivent jouir les médecins aux termes de la convention de Genève. L'un d'eux, étant allé alors consulter son officier, est revenu en disant que nous devions nous rendre au village de Béhagnies avec nos blessés, mais que nous ne serions pas prisonniers. Comptant sur la parole qui nous était donnée, nous avons dû obéir. En arrivant dans le village, nous nous sommes trouvés au milieu d'un très grand nombre de soldats ennemis qui se sont rués sur nous et nous ont dévalisés. On m'a pris mon manteau, mes instruments de chirurgie et mon bracelet-montre. On nous a ensuite entassés avec le personnel de notre ambulance (seize blessés et quinze infirmiers) dans une petite maison, où on nous a maintenus pendant quatre jours et trois nuits sans nous donner ni à boire ni à manger. De Béhagnies, on nous a emmenés à Bapaume. Nous y avons installé une ambulance, et y sommes restés pendant huit jours ; enfin on nous a fait monter dans un train et on nous a transférés au camp de Parchim (Mecklembourg). En route, on nous donnait trois fois par jour un morceau de pain et un peu de lard cru. Une femme qui avait tenté de nous passer des œufs, près de Liége, a été cruellement frappée à coups de crosse par une sentinelle.

Quand nous sommes arrivés au camp, on a mis à notre disposition une tente et une botte de paille, et on nous a informés que, si nous pouvions payer, nous aurions le droit de recevoir la même nourriture que les sous-officiers allemands ; mais que, dans le cas contraire, il ne nous serait donné que l'ordinaire commun. Cet ordinaire se compose chaque jour de deux soupes d'orge, d'avoine ou de riz, de 250 grammes de pain, et d'un peu de café. Il y a dans le camp deux mille soldats belges, deux mille prisonniers civils français, de douze à soixante-dix-sept ans, et deux mille militaires français, parmi lesquels un très grand nombre de blessés et d'infirmiers. On ne leur donne pas un centime, et ceux qui ne possèdent pas d'argent meurent presque de faim. Quand il reste un peu de soupe, une foule de ces malheureux se précipitent pour en obtenir ; et les sous-officiers finissent par s'en débarrasser en lâchant des chiens sur eux.

Un jour, nous avons vu une bande d'Allemands maltraiter odieusement deux prisonniers civils. Ils les frappaient à coups de poing, de pied et de crosse. Tous deux avaient le visage ensanglanté ; le plus vieux est mort à la suite des blessures qu'il avait reçues. Le commandant du camp, qui était un homme très dur, a sans doute regretté que nous eussions été témoins de ce spectacle, car il est venu nous donner des explications, disant que l'un des individus maltraités était « un grand criminel dans son pays », et que l'autre était « un pauvre malade qu'on allait soigner ». C'est ce dernier qui est mort.

Je suis resté prisonnier à Parchim pendant quarante-huit jours. Durant notre captivité, ni mes camarades ni moi n'avons reçu la moindre solde. Je dois dire que le commandant qui a remplacé celui dont je viens de vous parler était beaucoup plus humain que son prédécesseur; mais il ne pouvait rien contre les ordres qu'il avait reçus et contre les règlements de l'autorité supérieure.

Après lecture, le témoin a signé avec nous.

Nᵒˢ 87, 88, 89, 90, 91, 92.

L'an mil neuf cent quinze, le vingt-deux février, à Montailleur (Savoie), devant nous,... etc...

Fressancourt (Ernest), âgé de 15 ans, de Sevigny-Waleppe (Ardennes); Gouge (Édouard), âgé de 15 ans; Paté (Sosthène), âgé de 15 ans; Lemaire (Maurice), âgé de 14 ans, tous trois de Craonne (Aisne) :

Nous jurons de dire le vérité.

Nous avons été emmenés par les Allemands et internés ensemble au camp de Parchim (Mecklembourg). Là, nous avons vécu sous la tente pendant trois mois, jusqu'au 15 décembre, couchant sur la paille; ensuite on nous a mis dans une baraque en bois irrégulièrement chauffée, et où nous avons eu chacun une paillasse et une couverture.

Nous avions, le matin, de l'eau colorée avec de l'orge grillée; à midi, des féveroles, du son ou du blé concassé dans de l'eau, avec des morceaux de boyaux et de panse non nettoyés; le soir, « de la colle » et jamais rien d'autre, si ce n'est le jour de la Saint-Nicolas et le jour de Noël, où on nous a donné des harengs pourris, une tranche de pain blanc et du café dans lequel il y avait un peu de sucre. On nous remettait enfin une boule de pain noir pour quatre jours. Dans ce pain nous trouvions de la paille. Pour pouvoir le manger il fallait le faire griller.

Nous avons vu le cadavre d'un nommé Dezeuste (Ernest), de Craonne, âgé de 56 ans, qui avait été tué à coups de crosse, pour avoir essayé d'obtenir un peu plus de nourriture, « du rabiot »..

Les punitions étaient très sévères. Pour la moindre faute, on était attaché à un poteau, trois heures par jour pendant trois jours, avec des cordes au cou, aux mains et aux pieds; on était placé de telle manière qu'il fallait se tenir sur le bout des pieds. Cette peine était appliquée au moment du repas de midi, ce qui faisait que le patient était privé de nourriture.

Nous étions astreints à un travail qui consistait à faire des tresses et des paillassons. Celui qui n'en faisait pas assez était obligé de courir au pas de gymnastique pendant quatre heures coupées de courts arrêts.

Il n'y avait au camp ni femmes ni petits enfants.

Après lecture, les témoins ont signé avec nous.

Le même jour, à Frontenex (Savoie), nous avons entendu Pontrain (Édouard), âgé de 37 ans, voyageur de commerce, domicilié à Roubaix, 37, rue d'Alsace :

Je jure de dire la vérité.

Je faisais partie d'une colonne de quatre mille civils du Nord, qui, sur l'ordre du préfet, se rendaient à Gravelines, quand, le 10 octobre, nous avons été arrêtés, entre Fromelles et Erquinghem-le-Sec. Après nous avoir fait passer la nuit dans l'église de Fournes, on nous a conduits à Douai, où nous avons couché dans la gare; et le lendemain à midi, on nous a embarqués pour l'Allemagne, dans des wagons à bestiaux. Je n'ai eu à manger que trente-sept heures après mon arrestation.

Je suis arrivé, le 15 octobre, au camp de Parchim, avec tous mes compagnons. Depuis cette date jusqu'au 31 décembre, époque à laquelle ont été terminés les baraquements qui nous étaient destinés, nous avons été logés sous la tente, et nous avons couché sur de la paille qu'on n'a jamais renouvelée. Du 15 octobre au 25 janvier, nous avons reçu, le matin, une imitation de café sans sucre; à midi, une soupe faite avec du riz, du blé ou des choux-navets et dans laquelle il y avait du pis de vache et des tripes de porc mal nettoyées; le soir, de la farine délayée dans de l'eau.

A partir du 25 janvier, la nourriture devint encore plus mauvaise et les rations furent plus petites. La soupe était comme de l'eau. A Noël, nous avons eu chacun une tranche de pain bis et un hareng.

Nous recevions une boule de pain noir pour quatre jours.

Deux prisonniers qui demandaient du rabiot ont reçu des coups de crosse; ils sont morts de leurs blessures. Le fils de l'un d'eux, qui avait essayé de protéger son père, a été mis pendant huit jours au poteau, de midi à deux heures, attaché par le cou, par les pieds et par les mains.

Après lecture, le témoin a signé avec nous et avec MM. Devroutte (Vincent), âgé de 41 ans, cultivateur à Fromelles, et Delaporte (Auguste, dit Camille), âgé de 42 ans, charron à Brissay-Choigny (Aisne), qui ont confirmé ses déclarations, en ce qui concerne le régime appliqué aux prisonniers civils dans le camp de Parchim.

Le vingt-trois février, à Sainte-Hélène-sur-Isère (Savoie), les renseignements recueillis par nous à Montailleur et à Frontenex sur le régime de Parchim ont été confirmés par MM. Bury (Clément), âgé de 26 ans, domicilié à Valenciennes; Dumortier (Carlos), âgé de 48 ans, employé de commerce à Tourcoing; Quatannens (Edmond-Léon), âgé de 32 ans, peintre à Roubaix; Ménard (Émile), âgé de 23 ans, chef de fabrication de tissus à Roubaix; Loens (Bernard), âgé de 38 ans, tisseur à Roubaix, et trois jeunes gens âgés de 15 à 18 ans.

Les témoins Bury, Dumortier, Quatannens, Ménard et Loens ont ajouté qu'avant de les rapatrier, les Allemands leur ont fait passer plusieurs visites médicales. Tous ont été déclarés inaptes à porter les armes. M. Bury a été réformé pour éventration consécutive à une appendicite; M. Quatannens comme épileptique; M. Ménard pour otite et pour ulcération de la cornée; M. Loens pour bronchite chronique. . . . .
. . . .

Ces témoins nous ont fait connaître que, tandis que le groupe 4 était occupé à faire des tresses et des paillassons, eux-mêmes étaient employés à des travaux de terrassement et à des déchargements de wagons. On les contraignait aussi à traîner des voitures de vidange avec des cordes auxquelles étaient attelés quatre-vingts prisonniers environ. Ce dernier travail était particulièrement pénible, car les véhicules étaient très lourds et s'enfonçaient dans le sable; mais il était encore moins redouté que celui qui consistait à transporter à pleins bras la paille pourrie et remplie de vermine sur laquelle on avait couché dans les tentes.

Les témoins ont fait les dépositions ci-dessus sous la foi du serment et ils ont signé avec nous, après lecture.

———————

Le 23 février, à NOTRE-DAME-DES-MILLÈRES (Savoie), nous avons entendu sept rapatriés du camp de Parchim, notamment MM. BILLET (Léon), instituteur public à Vaulx-Vraucourt (Pas-de-Calais), âgé de 32 ans; DELONNELLE (Joachim), âgé de 38 ans, et GRADE (Léon), âgé de 37 ans, domestique de ferme, tous deux à Vaulx-Vraucourt, qui, après avoir prêté serment de dire la vérité, ont confirmé les renseignements recueillis précédemment par nous sur le camp de Parchim. Ils ajoutent que les malades devaient attendre la visite pendant une heure et demie à la porte de l'infirmerie, par le froid, sous la neige et sous la pluie; et que, quand ils battaient la semelle pour se réchauffer, ils étaient frappés et menacés de mort par le sergent infirmier allemand.

Les médecins, disent les témoins, n'avaient pour les malades que des paroles ironiques; aucun médicament n'était prescrit, aucune tisane n'était donnée aux fiévreux. La fièvre typhoïde et le typhus régnaient au camp. La mortalité a été considérable; nous avons perdu trois habitants de notre commune et deux habitants de villages voisins.

Les Allemands ont renvoyé les hommes âgés de moins de dix-sept ans ou de plus de soixante. Nous avons été rapatriés, après avoir passé la visite médicale et avoir été reconnus impropres au service militaire. Il est resté cependant à Parchim, au moment de notre départ, quelques vieillards et beaucoup d'invalides.

Après lecture, les témoins ont signé avec nous, sauf M. Grade, qui a dit ne savoir écrire.

———————

Le 24 février, à UGINES (Savoie), nous avons entendu huit ouvriers de l'usine qui ont été internés au camp de Parchim, notamment MM. MAILLE (Maurice), âgé de 36 ans, chef de comptabilité à Tourcoing (Nord), et RICHARD (René), âgé de 30 ans, entrepreneur de plomberie à Laon, qui, après avoir juré de dire la vérité, nous ont fait des déclarations complètement conformes à celles que nous avons reçues jusqu'à ce jour, sur le régime dudit camp.

Ils ont ajouté :

Les prisonniers qui ne saluaient pas les sous-officiers et même les soldats chefs ou secrétaires de groupe recevaient une paire de gifles; ceux qui « allaient au rabiot » étaient souvent frappés à coups de crosse. Le régime des soldats prisonniers était le même que le nôtre. Pourtant les Anglais, au début du moins, ne touchaient qu'une demi-portion, tandis que les Irlandais touchaient double portion; mais ces derniers partageaient avec les Anglais. Les Russes étaient continuellement maltraités.

Les témoins Maille et Richard ont signé avec nous, après lecture.

———————

M. MAILLE, poursuivant sa déposition, déclare, serment prêté de nouveau :

Le 9 octobre, le préfet ayant donné l'ordre aux hommes qui devaient passer un conseil de revision supplémentaire d'évacuer la région de Lille, Roubaix, Tourcoing, et de se rendre à Gravelines par un itinéraire indiqué, je me suis trouvé au milieu d'une colonne d'environ deux mille de mes concitoyens qui, comme moi, obtempéraient aux instructions préfectorales. Le 10, nous avons quitté Lille à sept heures et demie du matin, nous dirigeant vers Haubourdin. Vers dix heures, à l'endroit nommé Le Maisnil, nous avons été attaqués subitement par des troupes allemandes qui, avec leurs mitrailleuses, ont ouvert le feu sur nous, à moins de 500 mètres, sans avertissement préalable, et ont aussi envoyé des obus d'une distance d'environ 1,500 mètres sur notre colonne. Le tir a eu lieu à deux reprises et a duré en tout au moins une heure et demie. Nous nous sommes couchés; néanmoins un grand nombre de mes compagnons ont été tués ou blessés. J'ai vu personnellement au moins cent cinquante cadavres. Des hussards, qui sont aussitôt après arrivés sur nous, piquaient avec leurs lances les hommes qui étaient étendus à terre. Ces cavaliers nous ont fait relever; ils nous ont emmenés après avoir volé à la plupart d'entre nous leur sac de voyage. J'ai été, pour ma part, victime de leur cupidité, car ils m'ont pris ma valise qui contenait, outre du linge, une somme de 2,300 francs.

Le 12, à onze heures, nous avons été embarqués dans des wagons à bestiaux, à raison de soixante par voiture, et envoyés en Allemagne. J'ai été interné au camp de Parchim, comme je viens de vous le dire dans ma déposition précédente. Entre Le Maisnil et Beaucamps, les hussards nous ont fait prendre le pas gymnastique, et ils ont tué à coups de carabine plusieurs vieillards, ainsi que deux ou trois enfants de dix à onze ans qui n'avaient pas la force de nous suivre. J'ai vu aussi fusiller un conseiller municipal de Fournes, parce qu'il demandait des explications au sujet de son arrestation, et un lieutenant français blessé qui avait été pris dans un convoi du 8ᵉ territorial.

Le témoin a signé avec nous, après lecture, ainsi que MM. Van Brussel (Pierre), âgé de 21 ans, de Marcq-en-Barœul (Nord); Deletrain (Joseph), âgé de 38 ans, de Roubaix; Degryse (Jean), âgé de 17 ans, de Lille, qui ont fait partie de la même colonne que M. Maille, et ont assisté au massacre.

Ces trois derniers témoins ont prêté serment de dire la vérité.

Nᵒˢ 93, 94.

L'an mil neuf cent quinze, le vingt-trois février, à Notre-Dame-des-Millières (Savoie), devant nous,... etc. . . . .

Laforest (Raoul), âgé de 19 ans, brodeur; Asselin (Louis), âgé de 15 ans; Blondiaux (Marcel-Auguste), âgé de 16 ans; Louchard (Gaston), âgé de 15 ans, tous quatre de Prémont (Aisne); Vallez (Émile), âgé de 18 ans, brodeur à Ligny-en-Cambrésis (Nord) :

Nous jurons de dire la vérité.

Le 20 septembre, les Allemands ont donné aux hommes de quinze à quarante-cinq ans l'ordre de se rassembler à la mairie, en prévenant que ceux qui n'y viendraient pas seraient fusillés. Nous nous sommes rendus tous les cinq à la mairie de Prémont. De là, on nous a conduits à pied à Busigny et, le lendemain, on nous a fait partir pour l'Allemagne, dans des wagons à bestiaux. Nous avons été internés au camp de Quedlinbourg, d'abord dans des baraques où l'eau se répandait et où nous étions couchés à même le sol, sur un peu de paille qui a été bientôt pourrie. Au bout d'un mois, nous avons été mis dans des bâtiments en briques plus spacieux, couverts en carton bitumé, et où nous étions chauffés. On nous a donné à chacun une paillasse, un traversin et deux couvertures. La paillasse était garnie de fibres de bois, ainsi que le traversin. Nous étions mal nourris. L'alimentation se composait, le matin, d'une espèce de tisane d'orge grillée; à midi, de légumes, choux, navets, riz, betteraves, avec, tous les deux jours, de la viande qui sentait mauvais; le soir, d'une portion de « colle ». Le jour de Noël, on nous a donné du boudin. Tous les jours, nous recevions une boule de pain noir d'environ trois quarts de livre.

On nous occupait à transporter sur la route des caisses ou des baquets remplis de cailloux. Les gardiens et les sous-officiers étaient durs, ils nous parlaient grossièrement et ils nous frappaient quelquefois.

Il y avait au camp environ douze cents prisonniers civils, rien que des hommes. Il y avait aussi des prisonniers militaires français, russes, belges et anglais.

Il fallait être très malade et tomber à terre pour qu'on vous soignât. Nous avons vu un civil au poteau. Nous sommes revenus par Rastadt, où nous sommes restés une dizaine de jours dans les casemates, au milieu de la vermine.

Après lecture, les témoins ont signé avec nous.

—————

Le même jour, à Tours (Savoie), nous avons interrogé DULOMPONT (Charles), âgé de 17 ans, ajusteur à Bouchain (Nord), qui a été interné au camp de Quedlinbourg.

Après avoir juré de dire la vérité, il nous a fait des déclarations en tout point conformes à la déposition ci-dessus, reçue à Notre-Dame-des-Millères, déposition dont nous lui avons donné lecture après avoir entendu son témoignage.

Après ladite lecture et celle de la mention ci-dessus, il a signé avec nous.

—————

N° 95.

L'an mil neuf cent quinze, le vingt-trois février, à La Bathie (Savoie), devant nous,... etc. . . . .

BOULANT (Victor), âgé de 18 ans, de Vélu (Pas-de-Calais); LAMOURET (Gaston), âgé de 18 ans, d'Ytres (Somme); LÉTÉVÉ (Armand), âgé de 18 ans, de Vélu (Pas-de-Calais) :

Nous jurons de dire la vérité.

Après avoir été arrêtés par les Allemands qui avaient ordonné aux hommes de se rendre à la mairie, nous avons été transférés dans des wagons à bestiaux au camp de Salzwedel. Là, nous avons été logés dans des baraquements assez bien clos, avec une paillasse de « plumettes de bois », un traversin et une couverture chacun. Nous étions très durement traités et souvent frappés. On nous faisait faire l'exercice sans armes pendant deux heures par jour. Nous n'avons jamais travaillé. La nourriture, très mauvaise, se composait, le matin, d'une décoction d'orge grillée sans sucre; à midi, de betteraves, de riz, d'avoine concassée, ou de rutabagas, mélangés à des fragments imperceptibles de viande graisseuse, réduite en bouillie, le soir, de son, de betteraves, ou encore d'eau blanchie avec de la farine, et quelquefois de pois cassés.

Nous sommes arrivés au camp le 17 novembre, et nous y sommes restés jusqu'au 31 janvier. . . . . Nous étions environ dix-huit cents civils. Il n'y avait pas de femmes. Pendant notre séjour, nous avons vu des prisonniers attachés au poteau.

N'ayant pas été malades, nous ignorons comment on était soigné à l'infirmerie.

Après lecture, les témoins ont signé avec nous.

N° 96.

L'an mil neuf cent quinze, le vingt-cinq février, à ANNEMASSE (Haute-Savoie), devant nous,.... etc...

DENIS (Jean-Baptiste), âgé de 65 ans, régisseur à Laneuveville-aux-Bois (Meurthe-et-Moselle) :

Je jure de dire la vérité.

Le 2 septembre, j'ai été arrêté à Laneuveville, sans aucun motif, puis emmené en Allemagne, où j'ai été interné au camp d'Ulm, à partir du 30 septembre. Pendant le voyage, je suis resté trois jours sans boire ni manger.

Au camp, nous étions environ trois mille, civils et militaires. Parmi nous, il y avait cinq femmes. Nous avions chacun une paillasse garnie de menue paille et une couverture. A la fin, j'ai obtenu une couverture de supplément. Le matin, au réveil, on nous servait une colle immangeable; à midi, de l'avoine, du blé, des betteraves et des rutabagas. En cinq mois, je n'ai pas mangé deux fois de la viande. Le soir, on nous donnait à peu près les mêmes aliments qu'à midi.

Ma famille m'a fait savoir par lettres qu'elle m'avait envoyé deux fois des mandats, l'un de 20 francs et l'autre de 25 francs. Je n'ai reçu aucun de ces mandats.

Les prisonniers militaires étaient nourris exactement comme nous. Les larmes aux yeux, j'en ai vu deux attachés au poteau.

Un jour, un commandant a demandé aux sous-officiers prisonniers au camp de certifier par écrit qu'ils étaient bien nourris. Ils s'y sont refusés, en déclarant qu'ils aimaient mieux mourir qu'affirmer une chose aussi fausse. Le camp a été, à la suite de cet incident, consigné pendant quatre jours, c'est-à-dire privé de l'usage de la cantine.

Après lecture, le témoin a signé avec nous.

N°ˢ 97, 98, 99, 100

L'an mil neuf cent quinze, le vingt-deux février, à GRÉSY-SUR-ISÈRE (Savoie), devant nous,... etc...

GAUCHY (Ernest), âgé de 17 ans, employé au collège de Cambrai, domicilié à Douchy (Nord) :

Je jure de dire la vérité.

J'ai été arrêté, le 10 octobre, à Lille, par les Allemands et interné au camp de Wahn, près de Cologne. J'ai fait le trajet dans des wagons à bestiaux et n'ai reçu aucune nourriture pendant le voyage. A Douai seulement, les dames de la Croix-Rouge française m'ont apporté quelques aliments.

Au camp, il n'y avait que des hommes. Nous étions de quinze à dix-huit cents civils, avec environ cinq mille cinq cents prisonniers militaires belges, français et anglais. Nos baraquements étaient en planches recouvertes de papier goudronné et n'avaient pour toiture que de la toile à bâche.

Nous étions couchés sur des paillasses de copeaux, avec deux couvertures par homme. Les baraques, à partir de Noël, ont été chauffées par des poêles.

La nourriture était très mauvaise et insuffisante; nous mourions de faim et, comme on nous faisait travailler à des ouvrages pénibles qui consistaient à manœuvrer des rouleaux à écraser les cailloux et à traîner des chariots, quelques-uns d'entre nous tombaient d'épuisement. Quand on ne pouvait plus travailler, on était privé de gamelle.

Nous touchions chacun une boule de pain tout noir, pour huit jours. Le matin, nous avions une décoction d'orge grillée; à midi, des légumes cuits à l'eau, carottes, choux, navets, betteraves, choucroute ou riz, avec un peu de lard fumé qui était gâté et par conséquent immangeable; le soir, du café d'orge avec un hareng ou un morceau de fromage.

Seuls, ceux qui étaient de pays non envahis recevaient quelquefois des nouvelles; mais nous avions le droit d'écrire au crayon deux fois par semaine.

Les Allemands n'admettaient pas qu'on fût malade : quand l'un de nous ne pouvait se lever, on l'y obligeait à coups de pied et à coups de trique.

Après lecture, le témoin a signé avec nous.

BOINET (Émile), âgé de 17 ans et BOINET (Jules), âgé de 17 ans, d'Audignicourt (Aisne); LOBJOIS (Robert), âgé de 17 ans, d'Assis-sur-Serre (Aisne); GRIVELET (Marcel), âgé de 16 ans, de Chaulnes (Somme) :

Nous jurons de dire la vérité.

Nous confirmons absolument les déclarations qui viennent de vous être faites par Cauchy, relativement au régime du camp de Wahn, déclarations que nous avons entendues.

Les témoins ont signé avec nous, après lecture.

Le même jour, à FRONTENEX (Savoie), nous avons entendu RENAUD (Charles), âgé de 16 ans, domicilié à Champs (Aisne).

Il a juré de dire la vérité et a confirmé les déclarations ci-dessus, en ce qui concerne la nourriture donnée aux prisonniers civils dans le camp de Wahn, où il a été interné. Le bâtiment dans lequel il était logé était construit en briques et couvert en planches revêtues de carton bitumé.

Il a signé avec nous, après lecture.

L'an mil neuf cent quinze, le vingt-trois février, à NOTRE-DAME-DES-MILLÈRES (Savoie), nous avons entendu POCHET (Nicolas), âgé de 18 ans, cultivateur, demeurant à Vaulx-Vraucourt (Pas-de-Calais), qui, après avoir juré de dire la vérité, a confirmé les renseignements recueillis précédemment par nous sur le camp de Wahn.

Il ajoute qu'environ trois cents prisonniers civils (parmi lesquels il était) et militaires ont été contraints d'aller travailler à 7 kilomètres du camp, à des tranchées de la défense de Cologne; qu'en outre, comme les Allemands faisaient des exercices de tir au canon, les prisonniers civils ont été employés à déterrer et relever les obus tirés qui n'avaient pas éclaté.

Après lecture, le témoin a signé avec nous.

Nᵒˢ 101, 102, 103.

L'an mil neuf cent quinze, le vingt-deux février, à Grésy-sur-Isère (Savoie), devant nous,... etc. . . . .

Dauteuille (Georges), âgé de 18 ans; Dauteuille (Émile), âgé de 17 ans; Moutaillier (Georges), âgé de 16 ans, demeurant tous trois à Leury (Aisne):

Nous jurons de dire la vérité.

Nous avons été arrêtés chez nous, le 17 septembre, conduits à pied à Margival avec une dizaine d'autres personnes et, de là, transférés dans des wagons à bestiaux, par Chauny, au camp de Zerbst, à environ 80 kilomètres de Berlin. Pendant le trajet, nous avons été suffisamment nourris.

Au camp, il n'y avait que des hommes : sept ou huit cents civils, deux mille militaires français, quelques Belges et Anglais, et environ deux mille Russes.

Nous avons été logés dans des baraquements construits en planches recouvertes de papier goudronné ; nous couchions sur des paillasses de fibre de bois, avec une couverture chacun le premier mois, et deux le reste du temps. Au bout de deux mois, nous avons été chauffés.

La nourriture était mauvaise. Nous avions chaque jour un pain passable pour quatre ; le matin, une tisane d'orge ou du thé ; à midi, une soupe aux carottes ou aux navets ou encore aux choux, avec un peu de viande hachée dedans ; le soir, de la colle, ou un hareng, et quelquefois, principalement le samedi, un morceau de pain de supplément sur lequel il y avait du fromage généralement immangeable. Quand le général passait, on mangeait un peu plus tard, mais c'était meilleur.

On ne nous faisait pas travailler.

Nous avons été beaucoup battus, surtout par un gardien militaire qui était très méchant, et qui avait toujours un nerf de bœuf à la main. Il avait perdu un fils tué en France et s'en vengeait sur nous. Nous pouvions quelquefois échapper à ses coups en nous sauvant ; mais les vieux étaient bien maltraités par lui. Le général a fini par le changer de service.

Après lecture, les témoins ont signé avec nous, et avec Guay (Médéric), âgé de 16 ans, de Marizy (Aisne), qui a confirmé leurs déclarations.

Le même jour, à Montailleur (Savoie), nous avons entendu Camus (Léonard), âgé de 15 ans; Oudin (Clément), âgé de 15 ans, tous deux de Juvigny, près Soissons; Bréfort (Félix), âgé de 14 ans; Dufour (Marcel), âgé de 16 ans; Denoit (Adrien), âgé de 15 ans, tous trois de Pasly (Aisne), lesquels ont juré de dire la vérité et ont confirmé la déposition ci-dessus, relativement au régime du camp de Zerbst (Anhalt), où ils ont été internés pendant quatre mois, déposition dont nous leur avons donné lecture, après avoir reçu leurs déclarations.

Ils ont ajouté que, pendant leur transfèrement, ils ont été enfermés pendant quatre jours, au nombre de 52, hommes et enfants, dans un wagon à bestiaux où ils étaient tellement serrés qu'ils ne pouvaient ni s'asseoir ni se coucher. Il leur était interdit de descendre, même pour satisfaire leurs besoins naturels. Ils ont connu au camp le caporal qui, armé d'un nerf de bœuf, maltraitait les prisonniers ; mais ils n'ont jamais été frappés par lui.

Ils ont signé après lecture.

Les renseignements ci-dessus, relatifs au camp de Zerbst, sont confirmés, le 23 février à Notre-Dame-des-Millières (Savoie), par Lambert (François), âgé de 18 ans.

Le témoin a signé avec nous.

Nᵒˢ 104, 105, 106.

L'an mil neuf cent quinze, le vingt et un février, à CHAMBÉRY, devant nous, ... etc.

MARCHAL (Paul), âgé de 62 ans, professeur honoraire du lycée de Charleville :

Je jure de dire la vérité.

J'ai été arrêté, le 22 septembre, à sept heures du matin, avec tous les habitants de la commune de Combres (Meuse), où je me trouvais en villégiature. J'ai dû sortir de chez moi avec les mauvaises chaussures que j'avais aux pieds et une chemise de nuit. Pendant qu'on nous tenait parqués dans un coin du village, les soldats, marchant comme à la manœuvre, entraient dans les maisons, s'y livraient au pillage et chargeaient sur des voitures le mobilier qui leur convenait.

A midi, les sous-officiers, sortant leurs revolvers, se placèrent auprès des soldats qui avaient mis baïonnette au canon et, à travers les champs et les vignes, on nous fit gravir partie d'une côte au milieu de laquelle on nous fit stationner dans un espace découvert, exposés au feu de l'artillerie française et à celui de nos tirailleurs dont nous voyions parfaitement les tranchées. Nous avons agité nos parapluies et nos mouchoirs ; nos canons se sont tus, notre infanterie n'a pas tiré, et le plan des Allemands a été déjoué. A sept heures du soir, on nous a ramenés au village, un officier nous a prévenus que nous avions une heure pour aller chez nous chercher ce dont nous avions besoin, et a ajouté que toute personne qui ne serait pas à huit heures au rassemblement serait fusillée. Les Allemands avaient presque tout pris dans nos demeures. J'ai pu pourtant retrouver chez moi un pardessus qui avait échappé à leur convoitise.

A huit heures, nous avons été enfermés dans l'église, où nous avons passé la nuit assis sur les bancs. A quatre heures du matin, on nous a fait sortir, sans nous avoir donné de nourriture, et on nous a conduits de nouveau au même endroit que la veille, sur la colline où nous avons été exposés aux obus français. Nous avons eu la chance de n'être pas blessés ; une femme seulement a été très légèrement atteinte par un éclat. Le soir, on nous a fait rentrer dans l'église et on nous y a maintenus pendant cinq jours, sans nous donner autre chose que des croûtes de pain, obtenues çà et là de la charité de soldats. Nous avons pu envoyer deux ou trois jeunes gens chercher, avec des hottes, des fruits plus ou moins mûrs dans les champs, et c'est de cela que nous avons vécu, ainsi que des morceaux de sucre dont beaucoup d'entre nous avaient rempli leurs poches, pendant les courts instants de liberté qui nous avaient été laissés le 22 septembre. Une ou deux fois aussi, les Allemands ont abattu un mouton ou un bœuf errants dans la campagne et nous ont donné un peu de viande. Le dimanche 27, le commandant nous prévint qu'il allait nous conduire à Herbeuville, parce que Combres devait être canonné. Quand nous fûmes arrivés dans cette commune, on ordonna aux hommes de sortir des rangs. Les femmes et les enfants, ignorant ce qu'il allait advenir de nous, poussaient des cris déchirants. Un sous-officier nous dit qu'on nous emmènerait à Metz pour nous faire travailler. Je fis alors mes adieux à ma femme.

Nous arrivâmes à Hannonville à midi et demi, et nous fûmes enfermés dans l'église avec les hommes de cette commune ainsi que ceux d'Herbeuville. A quatre heures du soir, nous repartîmes. Les jeunes gens furent dirigés vers Metz; quant à nous, après avoir été conduits à travers champs jusqu'à Woël, on nous fit revenir à Hannonville, distant de 25 kilomètres. Souffrant d'une phlébite, j'avais demandé au commandant l'autorisation de me rendre à une ambulance; mais il m'avait repoussé en criant: « Rauss! Allez! » J'ai vu un vieillard qui ne pouvait pas marcher, soulevé à coups de crosse et à coups de botte, enfin jeté dans une charrette que quelques soldats français durent traîner.

Le 28, d'Hannonville, nous revînmes à Woël et nous fûmes parqués dans une prairie, où les femmes du pays nous apportèrent un peu de soupe; puis on nous transféra à Mars-la-Tour. N'en pouvant plus, je me hissai sur une voiture de réquisition.

A Mars-la-Tour, il pleuvait; on nous parqua cependant au milieu d'une prairie humide pendant une heure; enfin, on nous fit coucher dans les granges d'une ferme, où nous nous étendîmes sur des bottes de paille. Là, les Allemands nous apportèrent dans un baquet un mélange de choses ignobles parmi lesquelles se trouvaient des morceaux de viande à moitié crue, et je vis alors mes compagnons affamés se précipiter sur cette nourriture qu'ils devaient saisir à pleines mains, n'ayant ni gamelles ni cuillers.

A cinq heures du soir, nous fûmes embarqués dans des wagons à bestiaux. En passant à Frankenthal, on ouvrit les panneaux de nos fourgons, pour nous exhiber aux enfants des écoles rassemblés dans la gare avec le reste de la population. Pendant deux jours, on ne nous donna rien à manger; ce ne fut que dans le courant de la troisième journée du voyage qu'à Kaiserslautern, nous reçûmes un peu de pain et de bouillon.

Le 4 octobre, nous arrivâmes au camp de Zwickau (Saxe).

Pendant que nous étions emmenés comme un bétail, nos femmes et les enfants de Combres étaient enfermés dans leur église. Ils y sont restés un mois, passant les nuits assis sur les bancs. La dysenterie et le croup sévissaient; les femmes n'étaient autorisées à porter les déjections que tout à proximité des portes de l'édifice, dans le cimetière qui l'entoure. Ces détails m'ont été donnés par Mme Marchal.

A Zwickau, nous avons été internés dans deux bâtiments successivement. Le premier était absolument ignoble. Des femmes habitaient au rez-de-chaussée, les hommes au premier étage, avec des paillasses, et au second et au troisième, sur de la paille. Une dizaine d'entre nous y sont morts. J'y ai contracté un catarrhe des bronches résultant de la poussière. Cinq ou six cents hommes, plus des femmes et des enfants, étaient logés dans ce casernement. J'y suis resté pendant huit ou dix jours.

Le second bâtiment était un peu moins infect. Il était, comme l'autre, construit en briques. Chacun de nous y avait une paillasse garnie d'une véritable poussière de paille et remplie de vermine. Nous avions une couverture, mais pas d'oreiller ni de traversin. J'ai vu mourir là deux vieillards dans un état lamentable de misère physiologique et littéralement mangés par les poux. Tous les jours de dix heures à dix heures et demie, le matin, et l'après-midi depuis une heure jusqu'à quatre heures, nous pouvions circuler dans un préau.

A sept heures du matin, on allait chercher une cuiller et une gamelle qui étaient toujours sales et on obtenait un breuvage qui était une décoction d'orge avec quelques grains de café dedans. A midi, le repas se composait d'eau claire, dans laquelle se trouvait un peu de pain et des débris de cartilages, ainsi que quelques légumes mal cuits. Nous avions en outre environ 125 grammes de pain noir, une boule pour six prisonniers au début; un peu plus tard, une pour sept. Le soir, nous recevions le même breuvage que le matin, ou de la farine délayée dans de l'eau. Ce régime a été fatal à beaucoup de mes compagnons : vingt-cinq prisonniers d'Hannonville, sur cent vingt-cinq environ, et treize de Combres, sur soixante-sept, sont décédés au camp de Zwickau et à Rastadt.

A la cantine, on pouvait acheter du sucre, du pain bis et du chocolat. Ces aliments nous étaient vendus fort cher. Le pain coûtait un mark le kilo.

Nous étions laissés sans nouvelles, mais on nous permettait d'écrire : nous nous sommes entendus pour envoyer des demandes de renseignements dans toutes les directions. Ma femme a ainsi pu avoir mon adresse par l'intermédiaire d'un commissaire de Bâle, et il lui a été possible de me faire savoir qu'elle était détenue au camp d'Amberg. J'ai obtenu l'autorisation d'aller la rejoindre.

Ce camp était plus humainement établi que celui de Zwickau. J'y ai retrouvé le goût de la viande. On nous en donnait au repas de midi.

Au bout de douze jours, les femmes, les enfants ainsi que les hommes âgés de plus de soixante ans ont été transférés, en attendant leur rapatriement, dans le véritable dépôt d'immondices que sont les casemates de la forteresse de Rastadt. Le jour de notre arrivée, on nous apporta quelques poignées de copeaux sur lesquels nous dûmes nous coucher au milieu de la vermine. Nous étions privés d'air et de lumière. La nourriture était horrible. Ma femme a été atteinte de pneumonie dans cet enfer; le médecin n'y a pas fait attention et la malheureuse n'a été transportée à l'hôpital qu'après trois jours de maladie, alors qu'elle était tombée dans le coma. Trois jours après, elle était morte. A l'hôpital, elle a été très mal soignée. Comme il m'était permis de la voir, j'avais prié un infirmier qui s'occupait de médecine de lui donner des soins. Il lui a appliqué sur l'estomac une compresse d'eau oxygénée. Le lendemain, j'ai pu me rendre compte qu'on n'avait même pas pris la peine d'enlever cette compresse.

J'ai été enfin rapatrié. Jamais je n'oublierai l'accueil si chaleureux et si charitable qui nous a été fait à notre passage en Suisse. Nous y avons été comblés de bontés.

Après lecture, le témoin a signé avec nous.

L'an mil neuf cent quinze, le vingt-trois février, à SAINTE-HÉLÈNE-SUR-ISÈRE (Savoie), nous avons entendu WADEL (François), âgé de 68 ans, cultivateur demeurant à Herbeuville (Meuse).

Il a juré de dire la vérité et nous a fait les déclarations suivantes :

C'est le 22 août que, sans motif, j'ai été enlevé de mon village, avec environ quatre-vingts de mes concitoyens. Nous avons, avec plusieurs habitants des communes voisines, formé un convoi d'à peu près cinq cents personnes, qui a été dirigé à pied sur Mars-la-Tour. Dans cette localité, on nous a fait monter dans des wagons à bestiaux et on nous a emmenés à

Zwickau. Le trajet a duré trois jours et trois nuits. Deux fois par jour on nous a fait descendre pour nous faire prendre un peu de nourriture.

À Zwickau, j'ai été pendant trois semaines logé dans un grand bâtiment qui était un ancien moulin ; j'étais couché sur de la paille posée directement sur le plancher. Dans le bâtiment en briques où j'ai ensuite été transféré, j'avais une paillasse remplie de mauvaise paille qui était très sale ; nous avions une couverture.

Le matin, on nous donnait une décoction d'orge mélangée de café ; à midi, une soupe composée d'un liquide dans lequel il y avait un peu de pain et des débris de viande. Le soir, nous avions le même breuvage que le matin. Nous recevions environ 125 grammes de pain noir par jour.

L'état sanitaire était déplorable et il y a eu beaucoup de décès.

Après lecture, le témoin a signé avec nous.

———————

Le même jour, à Gresson (Savoie), nous avons entendu Josser (Isidore), âgé de 74 ans, cultivateur à Merles (Meuse), qui, ayant été interné à Zwickau, nous a fait, sous la foi du serment, des déclarations confirmant les renseignements qui nous ont déjà été donnés précédemment sur le régime du camp.

Il a ajouté qu'on y était très mal, très peu nourri, qu'il y avait beaucoup de malades et que les décès y avaient été très nombreux. Sur vingt-six personnes de Merles qui ont été internées à Zwickau, il était déjà mort six de ses concitoyens au moment de son départ. Tous ces décès sont dus à la misère dans laquelle on se trouvait et au manque de soins.

Après lecture, le témoin a signé avec nous.

———————

Nᵒˢ 107, 108.

L'an mil neuf cent quinze, le vingt-trois février, à La Bathie (Savoie), devant nous,... etc..........

Rouyer (Jean-Baptiste), âgé de 70 ans, facteur en retraite à Damvillers (Meuse) :

Serment prêté.

Après avoir confirmé les renseignements précédemment recueillis par nous sur le régime du camp de Grafenwöhr, il a ajouté :

Avant d'être rapatrié, j'ai passé quinze jours dans les casemates de la forteresse de Rastadt, où nous avons été rongés de vermine. La discipline y était très sévère ; à chaque instant, les soldats qui nous gardaient nous frappaient à coups de poing et mettaient la baïonnette au canon. Pour nous faire ranger plus vite, on lâchait sur nous des chiens. Plusieurs prisonniers ont été mordus.

Après lecture, le témoin a signé avec nous.

———————

Les renseignements ci-dessus ont été confirmés par vingt et un témoins au même lieu. Le jeune Breyne (Jules), âgé de 17 ans, rattacheur à Tourcoing, a eu, au fort de Rastadt, son veston arraché par les dents d'un chien qu'un sous-officier avait lancé contre lui.

Après lecture, le témoin a signé avec nous.

———————

Nᵒˢ 109, 110, 111, 112.

L'an mil neuf cent quinze, le vingt-cinq février, à ANNEMASSE (Haute-Savoie), devant nous.... etc........... ....

MATRAIRE (André), sous-préfet de Saint-Julien :

Je jure de dire la vérité.

Mes fonctions m'ont donné l'occasion d'assister à l'arrivée de nombreux convois de prisonniers civils arrivant d'Allemagne à Annemasse, par la Suisse. J'ai interrogé à la mairie et à la gare la plupart de ces pauvres gens. J'ai constaté qu'ils étaient généralement très déprimés; beaucoup étaient malades, et certains ont dû être transportés sur des civières, du tramway de Genève à l'hôpital. Quelques-uns avaient subi des ébranlements cérébraux tels que nous avons été obligés de les interner. Bien qu'ils eussent été déjà nettoyés à leur passage en Suisse, où on leur a fait un accueil très charitable, un grand nombre d'entre eux étaient couverts de vermine. Ils se plaignaient unanimement d'avoir souffert du froid et de la faim dans les camps de concentration.

Après lecture, le témoin a signé avec nous.

————————

PEREIRA (Casimir-Théophile), âgé de 54 ans, commissaire spécial de police d'Annemasse, chevalier de la Légion d'honneur :

Je jure de dire la vérité.

J'ai eu à m'occuper de la réception de tous les prisonniers civils rapatriés d'Allemagne et de leur répartition dans les départements qui les ont hospitalisés. J'en ai reçu ainsi une dizaine de mille. Les grands convois ont commencé le 5 février. J'ai trouvé en général ces pauvres gens très déprimés, surtout dans les convois composés en grande partie de femmes, de vieillards et de jeunes enfants. Beaucoup ont dû être envoyés immédiatement à l'hôpital, et nous en aurions hospitalisé bien davantage si nous avions eu de la place. Tous portaient d'ailleurs sur leur visage et dans leur attitude les traces des souffrances et des privations qu'ils avaient endurées. Je me rappelle un convoi de treize cents personnes, parmi lesquelles se trouvaient principalement des femmes et des enfants. Il était lamentable. Nous avons été obligés de transporter sur des brancards une trentaine de femmes qui en faisaient partie. Plusieurs d'entre elles étaient octogénaires et deux avaient plus de quatre-vingt-dix ans. C'étaient de véritables loques humaines.

Les rapatriés se plaignaient généralement d'avoir souffert du froid, de la faim et de l'humidité, dans des baraquements mal couverts. Ils disaient aussi avoir été soumis à une discipline dure et sévère et racontaient que, dans les camps, beaucoup des leurs étaient décédés. Ils sont arrivés ici, en majorité, couverts de vermine; on voyait courir les poux sur leurs vêtements, dans leur barbe et leurs cheveux et jusque sur les misérables paquets qu'ils portaient à la main.

Un ancien commandant m'a dit que, dans le camp où il a été interné, il avait vu déshabiller un malheureux qu'on s'était décidé à nettoyer, sur ses instances, et que les poux formaient sur le torse de cet homme une véritable couche

D'après les renseignements qui m'ont été fournis, les prisonniers militaires n'étaient guère mieux traités. Ils étaient très affamés et quelques-uns d'entre eux en étaient réduits à rôder autour des cuisines, pour ramasser les détritus.

Après lecture, le témoin a signé avec nous.

FAVRE (Charles), âgé de 56 ans, docteur en médecine, maire d'Annemasse :

Je jure de dire la vérité.

J'ai vu arriver ici un grand nombre de prisonniers civils rapatriés d'Allemagne. Ils étaient dans un état lamentable et, dans les premiers convois, dans le troisième surtout, la dépression était telle que j'en étais impressionné au point de ne pouvoir regarder les malheureux qui passaient devant moi.

Ce qui m'a particulièrement frappé, c'est la misère physiologique et la passivité de ces pauvres gens, qui se laissaient conduire comme un troupeau.

Leur aspect général révélait des souffrances déjà longues. Presque tous étaient enrhumés, couverts de vermine et très affaiblis. Beaucoup de vieillards ont dû être envoyés d'urgence à l'hôpital. Plusieurs y sont morts.

Quelques-uns, ayant perdu la raison, ont été transportés à l'asile d'aliénés de Bassens.

Après lecture, le témoin a signé avec nous.

LAPINÉ (Alexandre), âgé de 26 ans, docteur en médecine de la faculté de Genève, citoyen argentin :

Je jure de dire la vérité.

J'ai examiné environ cinq cents prisonniers civils rapatriés parmi ceux qui ont été hospitalisés à Annemasse. La plupart étaient dans un état d'épuisement physique extrême. Le nombre des malades a été énorme. Beaucoup de vieillards étaient atteints de bronchite ou d'emphysème; plusieurs d'entre eux sont morts de congestion pulmonaire ou d'affaiblissement cardiaque. Comme les pauvres gens étaient dans un état de dénutrition épouvantable, ils étaient atteints de maladies bizarres qu'on ne constate pas d'ordinaire dans ce pays, et la moindre des affections prenait chez eux une allure particulièrement grave. J'ai vu trente ou quarante femmes dont les règles étaient supprimées depuis plusieurs mois. J'attribue ce phénomène à une violente commotion nerveuse. J'ai constaté trois cas d'aliénation mentale. J'ai soigné un rapatrié qui était atteint d'engelures ayant produit de véritables ulcères. Il m'a raconté que beaucoup de ses compagnons avaient eu les pieds gelés, car, dans le camp où il avait été interné, les prisonniers, astreints à répondre à un appel chaque jour, étaient obligés de rester pendant quatre ou cinq heures debout dans la neige.

Les médecins, paraît-il, venaient bien voir les malades, mais ne leur prescrivaient rien.

Après lecture, le témoin a signé avec nous.

TABLE ALPHABÉTIQUE

DES COMMUNES CITÉES

DANS LE RAPPORT DU 8 MARS 1915

ET

DANS LES PROCÈS-VERBAUX D'ENQUÊTE.

TABLE

DES LIEUX D'INTERNEMENT ET CAMPS DE PRISONNIERS

CITÉS

DANS LE RAPPORT DU 8 MARS 1915

ET

DANS LES PROCÈS-VERBAUX D'ENQUÊTE.

———————

www.ingramcontent.com/pod-product-compliance
Lightning Source LLC
Chambersburg PA
CBHW070914280326
41934CB00008B/1716